NICOLAS NOTOVITCH

L'EUROPE

ET

L'ÉGYPTE

PARIS

PAUL OLLENDORFF, EDITEUR

28 bis, RUE DE RICHELIEU, 28 bis

1898

Tous droits réservés

OUVRAGES DU MÊME AUTEUR

L'Empereur Alexandre III et son entourage, 1 volume in-8°.   7 50

(Le même ouvrage dans le format in-18 jésus) 3 50

L'Empereur Nicolas II et la politique russe, 1 volume in-8'. .   7 50

Le Livre d'Or à la mémoire d'Alexandre III. Édition de luxe 10 »
    Édition ordinaire . . . .   5 »

Souvenirs de Sébastopol, recueillis par S. M. l'Empereur
    ALEXANDRE III, traduction et préface de Nicolas NOTOVITCH,
    1 volume grand in-8' 7 50

Le Tzar, son Armée et sa Flotte, 1 volume in-8' carré, avec
    nombreuses illustrations. . . . .   2 »

La Vie inconnue de Jésus-Christ, avec illustrations et cartes,
    1 volume grand in-8° jésus 3 50

L'Europe à la veille de la guerre, 1 volume in-8' jésus. . . .   2 »

Mariage idéal, drame en 4 actes. . . . .   2 »

SOUS PRESSE

Gallia, drame historique, prologue et 4 tableaux.

A travers la Perse, relation de voyage illustrée.

La Femme à travers le monde, études, observations et aphorismes.

Un Bâtard couronné (les aventures de l'ex-roi MILAN).

Paris. — Imp. BOULLAY, 2, place du Caire.

L'EUROPE

ET

L'ÉGYPTE

OUVRAGES DU MÊME AUTEUR

L'Empereur Alexandre III et son entourage, 1 volume in-8°.   7 50

(Le même ouvrage dans le format in-18 jésus). 3 50

L'Empereur Nicolas II et la politique russe, 1 volume in-8°. .   7 50

Le Livre d'Or à la mémoire d'Alexandre III. Édition de luxe   10 »
   Édition ordinaire . . . .   5 »

Souvenirs de Sébastopol, recueillis par S. M. l'Empereur
ALEXANDRE III, traduction et préface de Nicolas NOTOVITCH,
1 volume grand in-8° 7 50

Le Tzar, son Armée et sa Flotte, 1 volume in-8° carré, avec
nombreuses illustrations. . . . .   2 »

La Vie inconnue de Jésus-Christ, avec illustrations et cartes,
1 volume grand in-8° jésus 3 50

L'Europe à la veille de la guerre, 1 volume in-8° jésus. . . .   2 »

Mariage idéal, drame en 4 actes. . . . .   2 »

SOUS PRESSE

Gallia, drame historique, prologue et 4 tableaux.

A travers la Perse, relation de voyage illustrée.

La Femme à travers le monde, études, observations et aphorismes.

Un Bâtard couronné (les aventures de l'ex-roi MILAN).

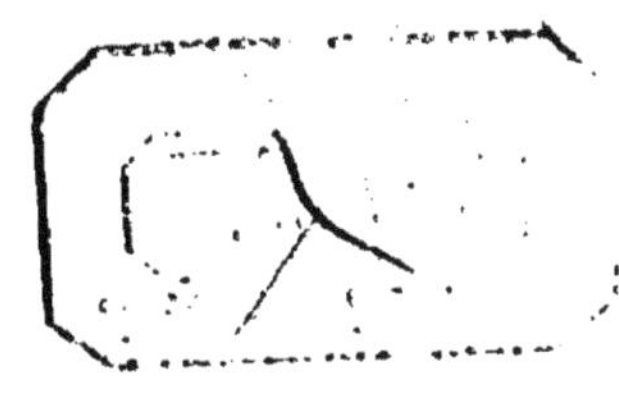

L'EUROPE

ET

L'ÉGYPTE

PAR

NICOLAS NOTOVITCH

PARIS

PAUL OLLENDORFF, ÉDITEUR

28 *bis*, RUE DE RICHELIEU, 28 *bis*

1898

CHAPITRE Ier

Les Capitulations.

Les souverains nationaux d'Égypte avaient abandonné, au profit des Grecs et des autres étrangers trafiquant dans leur empire, la plus belle des prérogatives des rois : celle de rendre eux-mêmes la justice à quiconque respire sur les terres soumises à leur domination.

En créant ainsi, en faveur du commerce, le principe d'extraterritorialité, si communément appliqué de nos jours, les antiques despotes égyptiens obéissaient évidemment à la force des choses; ils montraient, en même temps, que la souveraineté absolue n'a jamais été et ne peut jamais être qu'un accident en Égypte, que le distributeur de tous les biens a destiné cette contrée à être le pays neutre par excellence, la place publique où l'humanité tout entière a droit de se donner rendez-vous et de circuler librement.

Qui ne voit d'ailleurs, que la possession par un seul maître, repoussant tout contrôle, de l'étroit défilé où se croisent presque toutes les marchandises du monde, deviendrait pour presque tous les peuples la plus onéreuse et la plus insupportable des sujétions?

Le *condominium* universel est donc le véritable droit public en Égypte. Les usages n'ont fait que le consacrer depuis qu'il a été fondé par Amasis, 560 ans avant J.-C.; et de jour en jour, jusqu'à l'époque actuelle, le temps lui a imposé sa formule, de plus en plus précise.

Sous les Ptolémées, le *prætor peregrinus* exerçait seul, à Alexandrie, la juridiction sur les sujets de la république romaine, à l'exclusion des juges indigènes. Si les Sarrasins, après la fureur de la conquête et aux premiers siècles de ferveur de l'Islam, essayèrent tout d'abord de repousser les peuples chrétiens du grand marché des trois mondes, ils ne tardèrent pas à se soumettre, eux aussi, à la nécessité, plus impérieuse que le fanatisme. Dès le haut moyen âge, les navires des républiques italiennes abordaient sans encombre aux bouches du Nil. Les Croisades, en dépit de leur appareil belliqueux, ne firent que hâter un rapprochement voulu par la nature. En 1251, saint Louis, roi de France, quoique vaincu à la Mansoure, passait avec le sultan d'Égypte le premier des traités connus sous le nom de *Capitulations*, parce qu'ils sont divisés en chapitres, *capitula*.

En vertu de ce traité de 1251, la France entretenait à Alexandrie un consul permanent. Les villes méditerranéennes, vassales de la couronne, mais à demi-indépendantes du pouvoir royal, Marseille, Narbonne, Montpellier, imitaient bientôt le roi, fondaient des comptoirs sur tout le littoral égyptien et syrien, et la sécurité de ces comptoirs était garantie par la présence d'un consul local. Les contestations, s'élevant entre étrangers et marins appartenant à un même pays, y étaient réglées par un magistrat spécial, tantôt nommé par le pouvoir central et tantôt électif. Dix Marseillais réunis en pays étranger pouvaient y élire leur consul. La législation que ces magistrats appliquaient étaient la législation française, modifiée d'après les usages et les besoins des pays levantins.

Les successeurs de saint Louis, Philippe le Hardi, Louis XI, Louis XII, eurent soin de maintenir avec les sultans d'Égypte les rapports diplomatiques inaugurés par le glorieux vaincu de la Mansoure. Ils obtinrent, pour les négociants du Languedoc et de la Provence, la confirmation de la protection accordée au trafic français dans les Échelles. Les relations commerciales de la France avec l'Égypte n'ont jamais été interrompues depuis le xiiie siècle.

Les consuls, appelés primitivement bailes ou vicomtes, tous Français, englobaient sous leur efficace patronage, toutes les colonies chrétiennes établies dans les rayons de leur résidence. Aux yeux des musulmans, ils devinrent les représentants attitrés de tous les sectateurs du Christ, et ceux-ci ne furent longtemps désignés dans ces pays barbares que sous le nom de Francs. C'était assez pour leur assurer le respect.

La situation privilégiée de la France grandit encore, au commencement du xvɪ^e siècle, en 1507, quand les marchands marseillais eurent obtenu du sultan d'Égypte, Khamson-Ghavri, des hatti-chériff garantissant l'extraterritorialité à leurs ressortissants. Ces traités, renouvelés et confirmés par Sélim, en 1517, et par Soliman en 1528, ont servi de base aux conventions passées en 1535, entre le Grand-Seigneur et François Ier, et qui sont le prototype de toutes les Capitulations.

De restreints à quelques centres de commerce qu'ils étaient auparavant, les privilèges devinrent, dès lors généraux et s'appliquèrent indistinctement à tous les protégés du roi très chrétien; autant dire à la chrétienté tout entière.

Les Capitulations de 1535 ont été, d'emblée, un chef-d'œuvre, en ce sens que les clauses qui y sont contenues ont prévu tous les cas pouvant intéresser le commerce international, en même temps qu'elles ont réglé pacifiquement les rapports politiques et religieux entre deux races d'hommes qui, durant huit cents ans, ne s'étaient abordées que le sabre à la main.

Par un sentiment de générosité bien conforme aux traditions de sa dynastie, François Ier avait, en effet, stipulé au profit de toute la chrétienté, sans distinction de nationalité, les avantages consentis en sa faveur par l'amitié du Commandeur des Croyants. La France

demeura ainsi l'unique anneau de conjonction entre
l'Europe et l'empire Ottoman et la seule sauvegarde des
populations catholiques et de la civilisation. Spectacle
admirable et bien digne d'attirer la reconnaissance de
l'histoire! dit à ce sujet un orateur italien, M. Mancini.
Les Capitulations couvraient réellement de leurs garanties, non seulement les Français, mais encore les Européens trafiquant, voyageant ou résidant en territoire
musulman. En retour de tant de bienfaits gratuitement
partagés avec tous ses coreligionnaires, le roi de France
s'était réservé seulement le droit de préséance pour ses
ambassadeurs et ses consuls dans les Échelles du Levant ;
en outre, ses sujets immédiats jouissaient de certaines
exonérations d'impôts et de légères réductions dans les
droits de douanes.

Que faisait alors l'arrogante Angleterre ? Son attitude
était plutôt piteuse. Elle acceptait, sans scrupules, le
protectorat du roi de France, et Henri VIII se faisait dési-
gner nommément, avec le roi d'Écosse et le pape, parmi
les Puissances qui pourraient se prévaloir des avantages
accordés à François Ier par Soliman.

Quand l'Angleterre se sentit assez forte pour imposer
sa volonté, ou mieux quand la Turquie fut devenue
assez faible pour subir ses exigences, le gouvernement
de Londres, voulut, il est vrai, s'affranchir de la tutelle
française. Élisabeth réclama, en 1579, des traités particuliers qui lui furent concédés; mais ces traités son rédigés d'après le texte des Capitulations de 1535, qui ont

ainsi servi de modèle à toutes les conventions du même genre.

Remaniés et complétés en 1581, 1597, 1604 et 1740, les traités franco-ottomans ont tous consacré les deux principes des Capitulations de 1535 qui sont : l'extraterritorialité des négociants et voyageurs européens en terre musulmane et le droit de protection des représentants du roi de France étendu sur tous les chrétiens indistinctement.

La Capitulation de 1581 s'exprime ainsi :

Que, les Vénitiens en hors, les Génois, Anglais, Portugais, Espagnols, Catalans, Siciliens, Anconitains, Ragusois, et entièrement tous ceux qui ont cheminez soubs le nom et la bannière de France, d'ancienneté jusqu'à ce jourd'huy, et en la condition qu'ils ont cheminez, d'ici en avant, ils aient à y cheminer de la même manière.

La Capitulation de 1604 est encore plus explicite :

ART. 2. — Que les Vénitiens et Anglais en hors, les Espagnols, Portugais, Catalans, Ragusois, Génois, Anconitains, Florentins et généralement toutes autres nations quelles qu'elles soient, puissent librement venir trafiquer par nos pays, *sous l'aveu et sûreté de la bannière de France, laquelle ils porteront comme leur sauvegarde*; et de cette façon, ils pourront aller et venir trafiquer par les lieux de notre empire, comme ils y sont venus d'ancienneté, *et qu'ils obéissent aux consuls français*, qui résident et demeurent par nos havres, ports et villes maritimes. Nous commandons aussi que les sujets dudit empereur et ceux des princes ses amis, alliés et confédérés, puissent, sous son aveu et protection, venir visiter librement les saints lieux de Jérusalem, sans qu'il leur soit fait ou donné aucun engagement.

Art. 4. — Derechef nous commandons que, les Vénitiens et Anglais en hors, toutes les autres nations ennemies de notre Grande Porte, lesquelles n'y tiennent ambassadeurs, voulant trafiquer par notre pays, elles ayent d'y venir sous la bannière et protection de la France, sans que jamais l'ambassadeur d'Angleterre ou autres ayent de s'en empescher.

A l'origine, les Capitulations purent passer pour des concessions gracieuses des sultans. Ne portant, en effet, que la signature du Grand-Seigneur, elles étaient renouvelables à chaque avènement et essentiellement révocables. Depuis les traités de 1802, intervenus entre la France et la Turquie, l'engagement est devenu bilatéral ; les Capitulations ont été élevées à la dignité de traités internationaux et la Porte se trouve liée aujourd'hui par un contrat synallagmatique, indéchirable sans consentement mutuel.

La liberté de religion, la liberté individuelle, la liberté de commerce ont donc été conquises en Orient et, plus particulièrement en Égypte, par la France et par la France seule. Sans la France, ces biens précieux seraient restés, pendant des siècles, à la merci de populations fanatisées et de cadis musulmans habitués à considérer le chrétien comme l'*ennemi* au sens que les Romains attachaient au mot *hostis*, c'est-à-dire le vil bétail contre lequel non seulement l'arbitraire est œuvre licite mais l'injustice œuvre méritoire.

Tel est le bilan des bienfaits de la France en Égypte et dans toutes les Échelles du Levant. On le sait vaguement un peu partout, mais j'ai tenu à préciser les faits au début de ce livre, afin de mieux établir ensuite l'ingratitude de ceux qui s'ingénient, à l'heure actuelle, à ravir à la grande bienfaitrice les fruits de sa noble politique et de ses efforts généreux.

Par la seule autorité de son nom, par la haute renommée de son peuple, le roi de France était parvenu à arracher au Grand-Seigneur, en faveur de ses sujets et de ses protégés, des droits dépassant parfois les droits reconnus aux régnicoles eux-mêmes, puisque les chrétiens, par une véritable dérogation au droit commun, étaient exemptés de toute contribution personnelle et de presque tous les impôts.

Non seulement les consuls royaux jugeaient souverainement leurs administrés, mais leur juridiction était obligatoire, et si quelque magistrat ottoman s'était avisé, à l'encontre de cette prérogative, de mander un chrétien à son tribunal, sa sentence était frappée de nullité. Bien mieux! les agents de la force publique pouvaient être requis pour assurer l'exécution des sentences du juge franc :

« Que toutes fois que le roy mandera à Constantinople ou Péra et autres lieux de ceste empire ung baille, comme de présent il tient un consul en Alexandrie, que lesdits bailles et consuls soient acceptés et entretenuz en authorité convenante, en manière que chacun d'eulx en son lieu et sellon leur foy et loy, sans qu'aucun juge, caddi, sous-bassy, ou autre empêche, doibvé et puysse ouyir, juger à terminer tant en civil qu'en criminel toutes les causes, procès et différans qui naistront entre marchands et autres sujets du roy. Seullement et au cas que les ordonnances et sentences desdits bailles et consulz ne

fussent obeyes, et que pour les faire exécuter ils requissent les sous-
bassy ou autres officiers du G. S. ; lesdits soubassy et autres requis
devront donner leur aide et main-forte nécessaire, non que les caddis
ou autres officiers du G. S. puissent juger aulcuns différans des dicts
marchans et subjets du roy, encore que lesdits marchands le
requissent, et si d'adventure, lesdits caddis jugeoient, que leur sentence
soit de nul effet » (Capitulation de 1535).

Il est bien clair que l'amitié de Soliman pour François Ier n'explique pas complètement l'étendue de telles
concessions consenties à la France par la Porte, alors
toute-puissante et sur terre et sur mer. Le vainqueur
des Chevaliers de Rhodes n'aurait pas ainsi aliéné une
partie importante de sa souveraineté s'il n'avait été sol-
licité à cet acte d'apparente abnégation par des intérêts
économiques de premier ordre, et s'il n'avait espéré
récupérer, par ailleurs, ce qu'il abandonnait si libérale-
ment. Le passage suivant des Capitulations de 1589
prouve, du moins, qu'il n'entendait point faire un don
gratuit et qu'il avait pris soin de stipuler la réciprocité :

« Lesdits subjets et tributaires desdits seigneurs pourront, respec-
tivement achepter, vendre, charger, conduire et transporter par mer
et par terre d'un pays, à l'autre toutes sortes de marchandises non
prohibées en payant les accoustumées et antiques daces et gabelles
ordinairement seulement, assavoir les Turcqs au pays du roy comme
payent les Françoys, et lesdits Françoys au pays du G. S. comme
payent les Turcqs, sans qu'ils puyssent estre contraintz à payer aucun
autre nouveau tribut, imposition ou angarié »

Il n'en est pas moins vrai que, parmi toutes les nations chrétiennes, la France seule parut offrir au chef des

musulmans assez de garanties de force et d'honneur pour mériter de nouer des relations commandées par les intérêts bien entendus des deux races.

Si l'Orient avait besoin de quantité de produits manufacturés en Occident, tels que les armes, la quincaillerie, les draps légers du Languedoc, les broderies, les verreries, les porcelaines, les bois de construction, etc., l'Occident, de son côté, était sevré, depuis longtemps, des denrées qui ne mûrissent qu'au soleil d'Orient, telles que le riz, le sucre, l'ivoire, l'ébène, la gomme, les plumes d'autruche et plus tard le café.

Pour opérer les échanges de ces objets disparates, il ne fallait pas seulement assurer aux commerçants pleine liberté et pleine sécurité; il fallait aussi trouver un pays qui servît d'entrepôt aux marchandises et où toutes les croyances comme toutes les spéculations puissent se rencontrer sans s'entrechoquer.

L'Égypte était toute désignée pour cet office, par sa position géographique. En visant Jérusalem et les Lieux Saints les promoteurs des Capitulations rendaient un éclatant hommage à la foi chrétienne, mais, quand ils eurent à se préoccuper des intérêts matériels de leurs sujets et protégés, ils visèrent l'Égypte et plus spécialement le Caire et Alexandrie où affluaient déjà les prodigieuses richesses de l'Inde, de l'Arabie et de l'Afrique centrale. C'est de l'Égypte que ces marchandises repartaient pour inonder l'Europe et plus particulièrement l'Italie et la France par Venise et Marseille.

La rapide impulsion donnée au commerce exotique doubla le bien-être des pays d'Occident et, par une conséquence naturelle, augmenta la fortune de l'Égypte dans des proportions fantastiques. Deux siècles durant, l'Égypte a joui, grâce au régime des Capitulations, d'une prospérité qu'elle n'a plus retrouvée. Chaque année, dit M. Vandal, dans son beau livre sur Louis XIV et l'Égypte, la mer Rouge lui amenait des flottes chargées de trésors ; de Suez au Nil, d'innombrables caravanes sillonnaient le désert ; le Caire, la cité féerique des conteurs arabes, n'était qu'un immense et populeux bazar, et Alexandrie méritait le surnom qui lui avait été donné de « marché des deux mondes ».

Si la découverte du cap de Bonne-Espérance détourna, quelque temps, une partie du commerce de sa voie la plus courte, et si, par suite, quelques vaches maigres succédèrent aux vaches grasses, la décadence ne dura pas. Colbert, par de sages mesures, rendit bientôt à l'Égypte sa première splendeur. Colbert, après avoir obtenu du Sultan de nouvelles Capitulations confirmant toutes les garanties précédemment accordées au commerce, dota les consulats d'une législation plus régulière par la célèbre ordonnance de la marine, d'août 1681. Grâce à lui, Marseille devint la reine de la Méditerranée, et, par le nombre de ses vaisseaux et de ses commerçants, la France prit en Égypte une position non seulement prépondérante mais exclusive. Seule, elle possédait au Caire une nation, dit encore M. Vandal ;

seule, jusqu'à la fin du xviiie siècle, elle y tenait un consul; et si quelques autres Européens se risquaient sur les bords du Nil, ils devaient invoquer notre protection et se confondre dans nos rangs.

Les dernières Capitulations importantes, celles de 1740, ne firent que confirmer cette prépondérance de la France, prépondérance conquise par l'habileté de ses diplomates et par l'active initiative d'un peuple auquel on reproche, de nos jours, je ne sais trop pourquoi, d'être incapable de coloniser et de reculer devant les entreprises commerciales.

Un seul détail suffirait cependant à détruire ces affirmations trop intéressées pour être sincères.

Précisément en cette année 1740, plus de 200 navires au pavillon blanc fréquentaient annuellement Damiette, Rosette et Alexandrie; par contre, on n'y voyait à peine trois ou quatre cotres anglais. La France comptait au Caire onze maisons de commerce et cinquante négociants; la Grand-Bretagne y était représentée par deux Anglais en tout.

Comme toujours, l'Angleterre attendait, pour récolter, que la France eût défriché et semé.

Pour me résumer, depuis le commencement du moyen âge jusqu'à la Révolution, les intérêts religieux ont été le prétexte des Capitulations, mais les intérêts commerciaux et politiques en ont été la raison d'être. Les consuls, investis de pouvoirs de police très étendus et de la puissance judiciaire, contribuèrent à fonder,

dans le domaine musulman, une infinité de petites sou-
verainetés. reconnaissant la suzeraineté immédiate de
la France. A l'abri des principes de tolérance et de justice, les colonies franques se développèrent merveilleusement. L'honneur rendu au drapeau français par la
Turquie et, sous ses plis, aux Européens en général, re-
jaillit sur toute la chrétienté. L'Occident, à cette époque,
ne faisait, aux yeux des Turcs, qu'un seul corps dont
la France était la tête. Le rôle généreux de celle-ci s'était
agrandi avec le temps et, de protectrice des chrétiens
d'Europe qu'elle était au début, elle était devenue peu à
peu médiatrice respectueusement écoutée, entre la Porte
et ses sujets Chrétiens. Maronites, Arméniens, Chal-
déens, Melchites, Grecs, Nestoriens, Cophtes s'étaient
habitués à la considérer comme l'unique vengeresse de
leurs droits.

La France, en un mot, par six cents ans de sacrifices,
par l'esprit de suite et la loyauté de ses représentants officiels, par l'audace entreprenante de ses commerçants et
de ses voyageurs, a conquis en Orient l'empire le plus
vaste qui soit au monde et aussi le plus enviable, celui
des âmes.

Les circonstances qui ont modifié tant de choses depuis
cent ans et qui ont changé l'ordre et la raison d'être des
influences peuvent bien, de nos jours, atténuer l'importance de cet empire, mais la grande nation conserve sur
toutes les autres, au moins le droit imprescriptible de
priorité.

La mettre hors d'Égypte ne serait pas seulement une ingratitude ; ce serait une véritable violation de domicile accomplie au mépris du droit des gens, car en Égypte, la France est chez elle.

La suite de cet ouvrage montrera, je l'espère, qu'un tel crime ne peut être commis impunément.

CHAPITRE II

Les Tribunaux mixtes. — Le Condominium.

Jusqu'aux jours de la Révolution, la France prend possession de l'Égypte et généralement de tout l'Orient par la méthode pacifique.

Avec le xix⁰ siècle, une méthode nouvelle est inaugurée, la prise de possession par les armes. Au droit de premier et ancien occupant se juxtapose, pour ainsi dire, le droit de conquête, complétant et ratifiant la premier.

Je ne me charge point d'expliquer les raisons cachées de l'expédition d'Égypte, en 1797. Je crois même qu'il serait inutile de rechercher ou seulement de comprendre pourquoi les conseils secrets de qui dépendent, le plus souvent, les événements mystérieux de l'histoire, avaient décidé de confier au jeune général Bonaparte, le renversement ou le rajeunissement du colossal empire de Mahomet, et pourquoi le futur dominateur de l'Europe, après avoir soumis le Caire, se crut obligé d'arroser, d'un sang jeune et vigoureux, les plaines historiques de

Palestine que dix-huit siècles de stérilité avaient rendues infécondes.

Je ne m'inquiète que des résultats d'une entreprise qui fut grandiose par les forces mises en jeu et par les espérances conçues.

Or, ces résultats furent la démonstration évidente que le « vieil homme malade », depuis la bataille de Peter-wardein (1717), était désormais incapable d'administrer ses propres domaines; qu'il devenait urgent de proclamer les droits des Puissances européennes à y exercer une part de souveraineté réelle, directement et non plus par délégation de la Porte.

Le traité de 1802, en terminant le conflit franco-turc, proclama et consacra ces droits au profit de la France. Toutes les concessions des Capitulations y sont main-tenues et augmentées, non plus en vertu d'un hautain hatti-chérif, mais en vertu d'un traité solennel, revêtu de signatures qui lient également les deux contractants. La Porte, abaissée, paie ainsi la honte d'éclatantes défaites. Elle aliène, sans compensation, même son droit de contrôle sur les résidents européens; elle subit désor-mais leur présence au lieu de la tolérer.

L'évacuation de l'Égypte par les troupes françaises victorieuses fut, il est vrai, l'une des conséquences du traité de 1802, mais le prestige du vainqueur demeurait, et, dès lors, la force expansive de la France se porta vers cette contrée avec une intensité inconnue sous l'ancien régime.

Le nombre des colons s'accrut rapidement. De quatre ou cinq cents il monta, en quelques années, à dix-huit ou vingt mille. Ces colons imprimèrent à l'industrie et à la production agricole de l'Égypte une activité dont les Égyptiens étaient déshabitués depuis les Ptolémées.

Une circonstance imprévue et qui peut, néanmoins, être considérée comme une conséquence indirecte de la campagne de Bonaparte, contribua beaucoup à seconder ce mouvement en avant.

Parmi les vaincus d'Aboukir s'était rencontré un simple soldat bosniaque, doué de génie. Sur la ruine des siens, Méhémet-Ali avait résolu de reconstituer un empire musulman, s'inspirant des idées nouvelles et rentrant, par la grande porte, dans l'universelle famille des peuples.

L'histoire de l'Égypte, pendant les cinquante premières années de ce siècle, se confond avec celle de ce soldat audacieux. On sait qu'il ne voulut accepter pour auxiliaires de ses réformes salutaires et de ses projets généreux que des Français et, parmi eux, autant que possible, d'anciens compagnons de Bonaparte. On sait aussi qu'en 1840, les Puissances européennes, circonvenues par les intrigues louches de l'envieuse Angleterre, firent perdre à Méhémet-Ali et, par voie de conséquence, à la France elle-même, presque tous les fruits de victoires décisives couronnant de lents et laborieux efforts. Mais il n'entre pas dans le plan de cet ouvrage, de commenter ces faits historiques; il suffit de les rappeler.

Toujours est-il qu'à l'époque dont je parle, la position de la France et de l'Angleterre était bien nette en Égypte. D'un côté, la réciprocité des services rendus et de l'amitié avait créé entre la France et l'Égypte des solidarités d'intérêts les unissant cordialement l'une à l'autre; voilà la part de la France. D'un autre côté, l'antipathie, fondée sur l'antinomie des caractères et exacerbée par des procédés discourtois, séparait profondément les intérêts des Égyptiens de ceux des marchands de Londres; voilà la part de l'Angleterre. Si l'Égypte et son Vice-Roi pouvaient faire entendre leurs voix, il n'est pas douteux que l'Angleterre serait rejetée, avec horreur, du nombre des Puissances qui peuvent imposer leur volonté dans ce pays, émancipé avec l'aide et les conseils bienveillants de la France.

Mais, encore une fois, je ne fais pas de politique rétrospective et ne veux m'occuper que de la situation résultant pour tous des événements déplorables de 1840.

L'Angleterre n'a conquis aucuns droits nouveaux à cette époque, mais les autres Puissances européennes en ont acquis de décisifs. Toutes ont le droit absolu d'être traitées, en Égypte, sur le pied de parfaite égalité, et j'espère démontrer, plus loin, que les événements de 1882, au lieu de diminuer ce droit, n'ont fait que le confirmer.

Depuis longtemps les Puissances ont déchargé la France de la haute et lourde mission d'assurer en Égypte et en pays musulmans la protection et la défense de leurs nationaux. Elles ne se sont pas évidemment émancipées d'un patronage honorable pour se placer sous la tutelle humiliante de l'Angleterre. Toutes prétendent, avec raison, à leur part du soleil d'Égypte, chacune suivant l'importance de son rôle dans le monde et de ses intérêts dans ce pays. Si la plupart d'entre elles se rangent manifestement du côté français, pendant les préparatifs du duel qui s'engagera prochainement sur la Méditerranée, c'est d'une part, parce qu'elles veulent rendre hommage au bon droit et, d'autre part, parce qu'elles savent que le triomphe de la France serait la consécration des droits de tous et de chacun.

Pour ne parler que de la Russie, voici près de deux cents ans qu'elle jouit en Orient de franchises équivalentes à celles qui furent consenties à François Ier, et qu'elle entretient à Alexandrie et au Caire des consuls investis de droits régaliens sur les sujets du Czar, résidant en Égypte. Les innombrables victoires remportées contre les Turcs depuis Pierre le Grand ont même imprimé à ces franchises un caractère de droit absolu. Pense-t-on que la Russie serait disposée à aliéner ce droit au profit de l'Angleterre, en n'importe quel pays musulman ?

Et ce qui est vrai de la Russie l'est également, à des degrés divers, de l'Allemagne, de l'Autriche, de la Hollande, de la Grèce, de l'Espagne, des dix-sept États, en un mot, y compris les États-Unis d'Amérique, qui, à des dates plus ou moins rapprochées de l'époque actuelle, ont fondé, au pays des Pharaons, des justices consulaires souveraines. S'imagine-t-on que ces Etats, représentant, en somme, l'universalité des Puissances civilisées, abandonneraient, sans combat, les droits et les intérêts de leurs nationaux, résultant, pour la plupart, d'une possession longue et ininterrompue?

Je reconnais, comme tous les esprits éclairés et pratiques, que le fonctionnement simultané de dix-huit juridictions, en y comprenant la juridiction indigène, dans une seule ville ou un seul petit pays, entraînait des inconvénients graves, qu'elle provoquait un enchevêtrement inextricable de procès et déterminait des conflits dont les justiciables étaient les premiers à pâtir.

Mais ces inconvénients ont disparu par l'institution des Tribunaux mixtes, sur le fonctionnement desquels je demande à m'étendre un peu, parce que leur maintien est désormais nécessaire à l'équilibre des influences en Égypte, et parce que leur suppression ou leur accaparement par l'Angleterre, équivaudrait à la mise à la porte du monde entier par cette absorbante nation.

On sait que la Réforme judiciaire date du 1er février 1876, et qu'elle est l'œuvre de Nubar-Pacha, Arménien de grand mérite à qui l'on ne rend pas assez justice. Mais on ignore généralement que cette Réforme n'a abouti qu'après d'interminables pourparlers et malgré l'opposition de l'Angleterre qui s'efforçait de laisser subsister des abus criants dont elle espérait tirer bénéfice.

Aux dix-sept Tribunaux consulaires, Nubar-Pacha

opposait un système basé sur l'*unité de législation, l'unité de juridiction et l'unité d'exécution*. Pour le réaliser, il demandait à l'Europe de renoncer à des priviléges de juridiction fondés sur des usages auxquels le temps avait donné force de loi. L'Angleterre répondit qu'elle accepterait une réforme conçue « dans le sens des principes du droit international », ce qui prêtait à toutes les interprétations équivoques, suivant la coutume de ce gouvernement.

À force de démarches et de concessions diplomatiques, Nubar-Pacha, ministre d'Ismaïl, finit cependant par obtenir l'adhésion de toutes les Puissances à un système de réformes qui simplifiait l'administration de la justice, mais ne simplifiait pas la constitution politique de l'Égypte.

La création des Tribunaux mixtes a entraîné, en effet, un nouvel abandon des droits souverains du gouvernement indigène; elle érige une nouvelle forteresse au profit de l'influence étrangère. Ces Tribunaux, nominalement, peuvent bien être les Tribunaux du Khédive à qui il appartient de nommer, sur la proposition des Puissances toutefois, les juges étrangers; mais, en réalité, ce sont des Tribunaux étrangers, tenant leur autorité du dehors et qui n'ont pas hésité à exercer cette autorité contre le gouvernement indigène toutes les fois qu'ils ont pensé avoir le droit de le faire; jouissant d'une influence qui ne pouvait s'attacher aux innombrables petites juridictions auxquelles ils ont été substitués, il devient incontestable que si, au point de vue judiciaire, ils sont préférables aux anciennes autorités, ils sont beaucoup plus redoutables au point de vue politique.

Cependant, il serait puéril de déplorer, outre mesure, le sacrifice de certains droits régaliens des souverains égyptiens. L'Égypte, on ne saurait trop le répéter, appartient, par destination et par arrêt de la Providence, à l'humanité tout entière. En outre, les successeurs dégénérés de Méhémet-Ali se sont tous montrés, généralement, inférieurs à leur mission; sauf le Vice-Roi actuel qui donne des espérances, mais n'a encore donné que cela, la grande politique n'a jamais pu tabler raisonnablement sur l'intelligence et sur l'initiative, d'aucun d'eux. Pourvu que le principe de leur indépendance soit sauvegardé, la diplomatie a rempli ses devoirs vis-à-vis d'eux, et pourvu qu'il ne soit pas attenté à la liberté et à la religion des Égyptiens, la justice est quitte vis-à-vis de ceux-ci.

Or, il est incontestable qu'une ère d'équité s'est ouverte avec la Réforme et que le fonctionnement des Tribunaux mixtes a, dans le début, séduit et satisfait tout le monde. Les Européens ont obtenu les garanties désirées; les Égyptiens, la reconnaissance virtuelle de leur souveraineté territoriale. En renonçant partiellement aux droits résultant des Capitulations, en ne laissant aux consuls que la connaissance des procès criminels intentés à leurs nationaux, l'Europe a créé, en faveur du Khédive, une situation privilégiée, en ce sens que le

Sultan lui-même n'a pu obtenir des Puissances de se dessaisir de ces droits dans le reste de son empire. Les juges internationaux rendent, du reste, leurs arrêts au nom du Khédive, ce qui est la proclamation la plus formelle qui puisse être faite de sa souveraineté.

Examinée à tous les points de vue, la Réforme judiciaire de 1876 a donc été, pour l'Egypte, un immense bienfait.

« Les magistrats n'ont pas été toujours bien choisis ; le code et la procédure ne sont pas, à tous égards, bien appropriés à l'état du pays ; les jugements, dans beaucoup de cas, se sont ressentis de certaines tendances personnelles ou politiques, mais la juridiction en elle-même n'a pas réalisé seulement une immense amélioration par rapport à l'ancien état de choses, elle a présenté à l'Égypte un exemple nouveau d'équité et familiarisé l'esprit public avec le spectacle, jusque-là inconnu, d'une justice méthodique, impartiale et incorruptible. »

A côté de ces avantages d'ordre moral, il en est un autre d'ordre financier qui présentait alors un intérêt pratique considérable ; « il s'agissait de mettre l'État à l'abri de cette spéculation de procès inaugurée par voie diplomatique contre le gouvernement et qui mettait ses finances en péril. Au moment de l'installation des Tribunaux mixtes, il y avait pour 40,000,000 de S. L. de réclamations en instance contre le gouvernement et l'on peut juger des dommages réels que ce chiffre représentait par ce fait que, dans un procès où l'on revendiquait

30,000,000 de francs, les Tribunaux mixtes accordèrent 1,000 livres au demandeur.

« La portée financière de la Réforme a donc été un bienfait pour le gouvernement en lui rendant, vis-à-vis des spéculateurs qui l'exploitaient, une indépendance que la jurisprudence des nouveaux Tribunaux s'est rigoureusement appliquée à maintenir. Il est certain que si les négociations commencées en 1867 avaient pu aboutir immédiatement, bien des embarras financiers, dus en partie à la munificence toute orientale du khédive Ismaïl, ne se seraient pas produits ; créés dix ans plutôt, les Tribunaux mixtes auraient épargné à l'Égypte, avec des déboires pécuniaires, des événements politiques qui en ont été la conséquence. »

Mais l'Angleterre ne l'a pas voulu. En soulevant objections sur objections dans le but de retarder l'adoption de l'intelligent projet de Nubar-Pacha, elle voulait se donner le temps de brouiller les cartes et d'activer la ruine du prodigue Ismaïl, en lui prêtant ou lui faisant prêter de l'argent qu'il serait plus tard incapable de rembourser, ce qui lui fournissait un honnête prétexte d'intervenir. En un mot, l'Angleterre se préparait, dès lors, à faire le métier d'usurière ou de courtière en usure, afin d'envoyer, un jour ou l'autre, ses huissiers en Égypte, sous forme de bataillons de marine et de régiments de highlanders.

Le calcul était bas, mais il était juste.

Les Tribunaux mixtes avaient à peine ouvert leur

première audience d'inauguration, le 1ᵉʳ février 1876, que l'Angleterre proposait de compléter la Réforme judiciaire par l'institution d'un contrôle financier qui aurait pour objet apparent de mettre fin aux dilapidations du Trésor égyptien.

Il est certain que l'économie n'était pas la vertu dominante du khédive Ismaïl. Oriental, imbu des idées d'Europe, il avait appliqué les règles sommaires de l'Orient à l'acclimatation, dans son pays, des inventions et des habitudes de luxe de l'Occident. Il avait fait bâtir, à la mode moderne, des palais qui tombaient en ruines avant d'être achevés. Sous prétexte de rénover l'agriculture de l'Égypte, il avait transformé ses vastes domaines en usines de production dont les frais étaient si élevés qu'ils absorbaient d'avance tous les rendements. Pour se procurer de l'argent, il s'était mis entre les mains d'hommes d'affaires qui s'enrichissaient rapidement à mesure qu'il s'appauvrissait lui-même. Ceux-ci lui faisaient contracter des emprunts à des « taux exorbitants et dans des conditions ruineuses pour les finances de l'Égypte ; du grand emprunt de 1873 dont le capital était de 32 millions de livres, 20,700,000 livres seulement, au dire de M. Milner, parvinrent au Trésor ; ajoutez qu'une multitude de petits emprunts usuraires accumulèrent une dette flottante trois ou quatre fois supérieure aux sommes réellement encaissées. »

La dation d'un conseil judiciaire à Ismaïl s'imposait peut-être ; mais enfin la très grande majorité des créanciers étaient Français et c'était à la France seule que revenait l'initiative de cette mesure humiliante à l'égard des particuliers, déshonorante à l'égard d'un souverain. L'Angleterre n'avait guère versé dans le tonneau sans fond d'Ismaïl qu'une somme de 100 millions de francs, et encore elle s'était fait remettre en échange sa part du canal de Suez, dont la valeur était, dès lors, infiniment supérieure à la somme prêtée, et qui vaut aujourd'hui dix fois plus. Elle avait pris ses gages. Que lui importait donc qu'Ismaïl se ruinât et ruinât, en même temps, ses trop naïfs prêteurs?

Cependant l'Angleterre protesta, la première, au nom des éternels principes de la morale, et réclama la création d'une Caisse de la Dette publique qui fut instituée le 2 mai 1876. Deux Commissaires, l'un français, l'autre anglais, étaient chargés de l'administrer, et, en cas de conflit avec l'autorité khédiviale, étaient autorisés à porter le différend devant les Tribunaux mixtes.

En d'autres termes, le souverain égyptien se reconnaissait personnellement justiciable de magistrats étrangers; on n'avait pas encore vu, dans l'histoire, exemple d'abdication aussi dégradante, à moins d'être complète et définitive. Mais terrifié par les menaces de l'Angleterre, Ismaïl se résignait, en fataliste musulman, et, ne pouvant sauver la réalité de son pouvoir, il tentait d'en maintenir au moins quelques ombres.

Ce n'était, hélas! qu'un premier pas vers la chute irrémédiable.

Moins de six mois après, le 18 novembre 1876, un nouveau décret, imposé au Khédive, affermissait encore les attributions des Commissaires de la Caisse en les chargeant, comme *garantie plus efficace pour les inté-rêts des créanciers*, des opérations de l'amortissement et en déclarant la Commission de la Dette permanente jusqu'à l'entière extinction de celle-ci.

Les Commissaires s'acquittèrent de leur mieux de leurs fonctions et nul doute qu'ils ne fussent parvenus, peu à peu, à payer les trois milliards dissipés par Ismaïl, cette somme n'étant pas, en réalité, excessive pour un pays riche comme l'Égypte, cultivé par sept ou huit millions d'habitants laborieux.

Mais un pareil dénouement ne faisait pas l'affaire de l'Angleterre, qui, ayant un pied en Égypte, n'avait plus de cesse qu'elle n'y eût les quatre. Ses exigences se multiplièrent et Ismaïl, habitué à reculer, reculait toujours pas à pas. En 1878, par décrets successifs, cet infortuné débiteur consent à remettre entre les mains des étrangers non seulement toute l'administration financière de ses domaines, mais encore toute la direction politique de ses États.

Son premier ministre, Nubar-Pacha, fut placé, le 14 octobre 1878, sous la tutelle d'un ministre anglais, M. Wilson, et d'un ministre français, M. de Blignières.

C'est ce qu'on a appelé le *Condominium*.

Depuis cette époque, l'Égypte a cessé d'être gouvernée, en fait, par son souverain naturel. La France et l'Angleterre ont remplacé celui-ci et ont exercé, à sa place, tous les droits régaliens. Je dis la France et l'Angleterre, parce qu'en apparence ces deux Puissances ont paru, trois ou quatre ans durant, se partager la domination. Mais en réalité la France était effacée, dès le premier jour, quoiqu'elle fût la principale créancière, et M. de Blignières, par une conduite restée jusqu'aujourd'hui, inexplicable — je ne discute pas ce point d'histoire fort délicat. — se mettait à la remorque de son collègue M. Wilson, et préparait le lit où la reine Victoria désirait coucher seule.

Un obstacle s'opposait encore à la réalisation de ce désir d'usurpation.

En dépit de ses prodigalités, Ismaïl restait populaire parmi ses sujets. La situation humiliante où il se trouvait réduit avait touché leurs cœurs. On lui avait pris ses domaines; on administrait et on gouvernait en dehors de lui; il ignorait même la teneur des actes officiels qu'on l'obligeait à signer. Finalement, les contrôleurs qu'on lui avait imposés et auxquels il avait remis, sans limites, le soin d'assurer l'ordre dans ses affaires, lui proposaient la banqueroute comme remède à la prodigalité; c'était un peu fort.

« Ismaïl ne put se résoudre à une pareille humiliation; des hommes dévoués organisèrent une manifestation du vif mécontentement de la population, et deux adresses lui furent apportées par des délégués d'un conseil du clergé et des hauts fonctionnaires civils et militaires; Ismaïl fit aussitôt une déclaration (5 avril 1879) aux termes de laquelle l'Égypte n'était pas en déconfiture ; il repoussait toute idée de revenir au gouvernement personnel, mais il déclarait vouloir gouverner avec et par un Conseil de ministres *indigènes* responsables devant une Chambre de Délégués ; il communiquerait en même temps aux consuls généraux un plan financier tout en réclamant de l'Europe le contrôle le plus étendu sur l'administration financière de l'Égypte. » (PENSA, *L'Égypte et le Soudan*.)

L'Angleterre n'attendait que cette velléité de résistance pour précipiter les événements.

Ismaïl fut destitué et remplacé par son propre fils, qui ne sut pas défendre contre les entreprises anglaises les derniers restes de l'hégémonie de sa patrie.

CHAPITRE III

La Révolte d'Arabi. — L'Intervention
de l'Angleterre.

L'avénement de Tewfick-Pacha, sa soumission plate
envers M. Wilson, enfin l'effacement volontaire de M. de
Blignières qui se retirait en France, consacraient
l'usurpation virtuelle de l'Angleterre sur le riche
territoire du Delta du Nil et, par une conséquence naturelle, sur le canal maritime de Suez. Étant données
l'indifférence de l'Europe et l'insouciance de la France,
plus directement intéressée que les autres Puissances
dans cette question, la situation pouvait se pro-
longer ainsi indéfiniment et il est permis de présumer
que personne n'aurait songé et ne songerait encore à
déloger l'Angleterre d'une position qui semblait résulter
de la force même des choses et qui revêtait de vagues
apparences de légalité.

Mais cette main-mise indirecte de l'avide nation sur
un pays où elle n'a d'autres intérêts que ceux de sa rapa-

cité ne suffisait pas à son ambition. Elle ne pouvait supporter près d'elle même l'ombre de la concurrence et elle attendait le prétexte de mettre la France hors du *condominium*, comme la Prusse l'a mise hors de l'Alsace-Lorraine, mais sans traverser les défilés dangereux et sanglants de Reischoffen et de Gravelotte.

Les dettes personnelles d'Ismaïl lui avaient été une hypocrite occasion de provoquer l'institution du contrôle des finances égyptiennes et de devenir, par le fait, le contrôleur prépondérant.

Une révolte militaire, dont on ne saisit encore ni le mobile ni le but, lui fournit un semblant de raison pour réaliser la dernière partie de son programme.

L'Angleterre a-t-elle fomenté et organisé de toutes pièces le *pronunciamento* d'Arabi-Pacha?

Le raisonnement dit oui ; l'exposé des faits confirme cette réponse affirmative.

Arabi-Pacha était un colonel de nationalité fellah, profondément ignorant des questions militaires, plus ignorant encore des questions sociales et nationales au nom desquelles il prétendait s'insurger et imposer sa volonté au Vice-Roi.

Il avait déjà tenté de se révolter, en 1879, aussitôt après l'avénement de Tewfick-Pacha, et il avait avec lui deux autres colonels. Ces trois conspirateurs furent arrêtés par le préfet de police Riaz-Pacha, et ils se laissèrent emmener en prison, sans résistance, par deux sergents de ville. Pourquoi ne furent-ils ni punis ni maintenus en prison, et pourquoi, deux ans après, recommencèrent-ils leur parade d'insurrection? Pourquoi aussi cette seconde insurrection embrasa-t-elle tout à coup l'Égypte comme une traînée de poudre?

C'est qu'en 1879, la France, du consentement des autres Puissances européennes, avait manifesté la velléité d'intervenir pour rétablir l'ordre, et qu'en 1881, cette velléité avait totalement disparu et que l'Angleterre avait le champ libre.

En 1879, Londres faisait un signe, et Arabi rentrait sous terre; en 1881, Londres en faisait un autre, et Arabi sortait de terre pour affronter, sans péril, à Tel-el-Kébir, la trop souvent victorieuse cavalerie de saint Georges.

Grâce aux intrigues de l'Angleterre, ce Boulanger, sans envergure et sans idéal, était nommé sous-secrétaire d'État à la Guerre, le 5 janvier 1882, et, dans ce poste, il put facilement préparer sa conjuration militaire pour la faire éclater au signal qui lui serait donné par les meneurs restés dans la coulisse.

C'est à partir de ce moment que la politique de Londres se sépare plus nettement de celle de Paris; non pas sans doute en paroles; les diplomates anglais et français échangent, au contraire, les assurances d'une entente absolue et durable. Mais si ces assurances sont sincères d'un côté, il est visible déjà que de l'autre on se dispose à agir sans son voisin et au besoin contre lui.

L'Angleterre, pour se couvrir vis-à-vis de l'Europe,

sollicite d'avance l'approbation de Bismarck qui déclare que l'Égypte est placée sous la surveillance des six grandes Puissances, et qu'ainsi l'intervention isolée de la France porterait atteinte aux droits de toutes les autres. Il n'était point parlé, dans la note de M. de Bismarck du 6 mai 1882, de l'intervention possible de l'Angleterre, ce qui pouvait et devait être interprété par elle comme un blanc-seing.

Aussi, l'Angleterre précipite-t-elle les événements. Arabi devient ministre de la Guerre, président du Conseil, et le premier acte de ce demi-sauvage, qu'il faudrait qualifier de fou s'il n'y avait mille raisons de le considérer comme un traître et un vendu, est de porter un défi à la France et à l'Angleterre, en excluant les deux contrôleurs généraux, M. de Blignières et sir Colvin qui avait remplacé M. Wilson, des conseils financiers du gouvernement égyptien.

En même temps, les désordres se succèdent dans les provinces, « notamment dans celle de Damiette et dans celle de Charkiyeh ; les gouverneurs, de l'aveu du Khédive, n'ont plus d'autorité ; il se fait partout un commerce très actif d'armes à feu, l'impunité des malfaiteurs obligeant les habitants à se défendre personnellement. C'est un état de choses que le parti militaire songe à exploiter ; on parle d'armer tous les hommes valides pour former une garde nationale, et, en attendant, des mesures sont prises en vue d'une mobilisation éventuelle. Comme de grandes dépenses sont faites malgré les contrôleurs généraux, ceux-ci remettent, le 16 février, au Conseil des ministres, une protestation déclarant que le fonds de réserve est épuisé et que toute dépense imprévue nouvelle se traduira par un déficit en fin d'année.»

Cette protestation est mise au panier par Arabi. Alors, M. de Blignières déclare sa dignité offensée, et déserte. Il se retire en France, laissant le champ libre à sir Colvin, dont la dignité était sans doute d'une nature moins délicate ou dont la politique était plus perspicace.....

. . . .

Ainsi finit le *condominium*, aux applaudissements de M. de Bismarck qui, par aversion contre la France, n'avait cessé, pendant le cours de ces péripéties, de faire le jeu de l'Angleterre, non pas seulement au détriment de la glorieuse vaincue de 1870, mais au détriment de toute l'Europe et, en particulier, de l'Allemagne, tant la haine aveugle les intelligences les plus lumineuses. Le reste est présent à toutes les mémoires.

Arabi multiplie ses excès. La nécessité de rétablir l'ordre, prétexte toujours invoqué par les envahisseurs de mauvaise foi, est mise en avant par l'Angleterre qui envoie une flotte formidable devant Alexandrie. En même temps, elle convie la France à agir de concert avec elle. La France envoie bien aussi quelques cuirassés, mais arrivés à destination ils reçoivent l'ordre de ne point agir.

Arabi, devenu maître absolu de l'Égypte, après une

fausse démission presque aussitôt suivie d'une éclatante réintégration, pousse les travaux de fortification d'Alexandrie afin de procurer à l'amiral anglais, la gloire de les renverser. Puis, il organise un massacre dans cette grande ville et frappe de terreur les nombreux résidents européens.

On assemble une conférence de plénipotentiaires des six grandes Puissances européennes. Comme d'habitude, ces plénipotentiaires perdent leur temps en discussions protocolaires et oiseuses.

Les agents anglais en Égypte présentent la situation sous un jour très alarmant; la panique, écrivent-ils, est à l'ordre du jour dans tout le pays. Lord Seymour, amiral commandant la flotte, demande instamment des ordres pour commencer le bombardement d'Alexandrie. Enfin, le «gouvernement anglais télégraphie à l'amiral Seymour d'ouvrir le feu sur les fortifications d'Alexandrie si les travaux de défense sont repris; l'amiral Seymour devra au préalable solliciter la coopération de l'amiral français, mais passer outre au cas de refus de ce dernier (4 juillet).

« L'amiral français n'a pas d'instructions (4 juillet); il peut paraître qu'il aurait dépendu de lui, à ce moment, d'assurer la défense des nationaux français, qui est de plein droit sans instruction gouvernementale, et que les troubles insurrectionnels du 11 juin comme ceux qui se préparaient, justifiaient amplement une action militaire, mais l'amiral français avait reçu des instructions qui étaient formellement contraires à toute intervention militaire. Le gouvernement a décidé que l'amiral français ne s'associerait pas à l'amiral anglais et que la flotte française quitterait le port si la flotte anglaise ouvrait le feu sur les batteries d'Alexandrie. M. de Freycinet se retranche derrière ce fait que s'associer à l'action de l'amiral anglais ce serait faire acte de guerre, et qu'aux termes de la Constitution, le gouvernement ne peut engager une action militaire sans le consentement préalable des Chambres. Cependant. M. de Freycinet dit que le gouvernement français fait ses préparatifs pour ne pas être pris au dépourvu, et le 5 juillet, une note officieuse annonce que le gouvernement s'occupe de former une flotte pour aller au canal de Suez. M. de Freycinet déclare en même temps au gouvernement anglais qu'il a le plus vif désir de rester en accord avec lui, et celui-ci lui répond que c'est aussi son désir. » (PENSA.)

Mais il n'y a que les actes qui comptent, surtout dans les affaires de guerre; les désirs ne sont rien.

« L'amiral anglais ordonne au commandant militaire d'Alexandrie d'avoir à cesser tous travaux de fortification (6 juillet); si les travaux sont continués, il bombardera après un avertissement donné aux consuls vingt-quatre heures à l'avance; le 9 juillet, on dit à l'amiral Seymour que des batteries sont montées au fort Silsili; il avise les consuls, et le 11 juillet, il ouvre le feu à 7 heures du matin; les forts répondent faiblement. » (PENSA.)

L'antique métropole de l'Égypte est écrasée sous les obus; écrasée, en même temps, la suprématie de la France en ce coin de monde; et anéantie — du moins, provisoirement, — l'influence des autres Puissances qui faisaient si bon ménage avec la France.

Une fois entrés dans la place, les Anglais paraissent déterminés à ne plus la quitter et à ne plus souffrir personne à côté d'eux.

La bataille ridicule de Tel-el-Kébir, après laquelle Arabi-Pacha, guerrier d'opéra, fut, de nouveau, pris au collet et conduit au poste, leur permit de s'installer au Caire comme à Alexandrie, et, depuis plus de quinze ans, dure cette occupation armée qui devait cependant cesser au lendemain du rétablissement de l'ordre.

Avant de juger cette situation anormale et déloyale, il n'est peut-être pas inutile d'insister encore sur cette prétendue insurrection d'Arabi et de démontrer qu'elle ne fut, d'un bout à l'autre, qu'une indigne comédie.

Si l'on ne consulte que les documents officiels, livres jaunes français, livres bleus anglais, livres verts italiens, on rencontre cette affirmation à peu près commune : cette insurrection a eu un caractère nationaliste, et si on approfondit un peu cet examen, on est frappé de l'ignorance où l'opinion européenne s'est volontairement complu.

Or, l'Égypte, où l'élément égyptien est en minorité et fortement abruti, où la majorité se compose d'Arabes, d'Africains, de Syriens, d'Arméniens, de Turcs et d'Européens, l'Égypte, en un mot, peuplée de cosmopolites, n'a pas de nationalité propre.

En outre, « les révolutions, en pays musulmans d'essence essentiellement autocratique, ont presque toujours été des révolutions de palais accompagnées de quelques troubles dans la rue, pillages ou massacres des commerçants et des étrangers; jamais les désordres de la rue n'ont été le commencement de la révolution ; les mouvements populaires connus en Égypte, en Syrie, en Turquie, en Crète sous le nom de *barouffe*, et en Algérie sous le nom de *nefra*, ont toujours été préparés par le chef qui intrigue pour saisir le pouvoir, mais ce chef n'hésite pas au moment venu et va jusqu'à l'assassinat de celui qu'il entend remplacer, certain de la soumission de ses coreligionnaires dès qu'il détiendra l'autorité. » (PENSA.)

Arabi, au contraire, affecte toujours un profond respect, sinon pour l'autorité, du moins pour la vie de son maître, Tewfick-Pacha.

Son insurrection présente tous les caractères d'une révolution européenne et l'on sait, de reste, que c'est l'Angleterre qui fomente et organise toutes les révolutions européennes, afin de pêcher en eau trouble.

La révolution égyptienne commence par un *pronunciamento*. « Le 9 septembre 1881, les trois colonels se présentent avec leurs régiments devant le palais du Khédive ; ils demandent trois choses : la destitution du ministère Riaz-Pacha, le rétablissement des anciens cadres de l'armée et enfin une constitution ; oui, des colonels ne sachant ni lire ni écrire, peu informés sur l'histoire de l'Égypte ou sur l'histoire de l'Europe, demandaient, musique en tête, que le Khédive accordât à l'Égypte, qui s'en souciait comme un poisson d'une pomme, une *constitution*. Effrayé d'une pareille manifestation militaire, le Khédive entrevit sa propre déchéance dans l'octroi d'une constitution, et, tout en cédant aux autres demandes, déclara s'en référer sur ce point, à l'avis du Sultan.

En attendant, Arabi s'occupa d'organiser un semblant de Parlement qu'il espérait bientôt transformer en Assemblée redoutable aux yeux des Européens, généralement insouciants des affaires lointaines ; sans doute, il suffirait aux gouvernements de France et d'Angleterre de savoir qu'Arabi s'appuyait sur une Assemblée élue pour acquiescer à ses réformes, tout au moins pour accepter la déposition de Tewfik et la nomination d'Arabi comme Khédive ; ce qui, après tout, eût été le terme de la révolution. » (PENSA.)

Mais l'Angleterre ne se souciait pas de changer son cheval aveugle contre un borgne. Les complaisances passées de Tewfick lui garantissaient ses soumissions futures et elle n'était pas très sûre de rencontrer même souplesse chez Arabi que l'enivrement du succès pourrait rendre indocile dans l'avenir.

Elle lui avait assez donné. Elle le fit conduire au poste, puis relâcher. Seulement, elle ne commit pas l'indélicatesse de le congédier sans salaire.

Tandis qu'elle faisait pendre ou fustiger impitoyablement tous les pauvres diables, même colonels et généraux, qui avaient eu la naïveté de croire aux sentiments patriotiques d'Arabi, elle accordait à ce dernier une pension de 12,000 francs, avec faculté de jouir de ses rentes, si glorieusement conquises, à Ceylan où le riz est pour rien et où les harems sont d'un bon marché fabuleux.

Et maintenant, qui doit être tenu pour responsable de l'abstention de la France dans cette tragi-comédie? qui, en Europe, doit porter devant l'histoire, la responsabilité de l'inaction des Puissances?

En ce qui concerne les hommes d'État français, je n'ai ni l'intention, ni peut-être le droit de porter un jugement sévère. Si j'ai été amené, en passant, à signaler l'étrange attitude de M. de Blignières, c'est que cette attitude a été au moins incompréhensible. Je sais qu'il est d'usage d'en rejeter la responsabilité sur le ministre des Affaires étrangères, M. de Freycinet; mais je crois qu'il serait facile, à l'aide de documents authentiques, de dégager cet habile ministre, tout au moins d'une partie de ce reproche.

M. de Freycinet se montra, il est vrai, timide, hésitant, versatile, mais il avait pour excuse l'état de l'opinion publique française, alors violemment opposée à toute tentative d'expédition lointaine. Qu'on se rappelle qu'on était, en 1882, au fort de là campagne impopulaire du Tonkin.

M. de Freycinet refusa, c'est vrai encore, de coopérer
au bombardement d'Alexandrie, mais ce bombardement
n'était, au fond, qu'un acte inutile de piraterie. Quand
il s'agit de coopérer à une véritable action militaire,
M. de Freycinet insista vivement à la Chambre pour
obtenir d'être autorisé à faire débarquer une division
française dans le voisinage de Tel-el-Kébir. Non seulement il n'obtint rien, mais il fut renversé du ministère sur
cette question. La plupart des députés ne comprenaient
rien alors à la question d'Égypte, ou ceux qui la comprenaient sacrifièrent leurs convictions à leur popularité
personnelle et à l'esprit de parti.

Un seul homme semble avoir compris, au moment où
les événements se produisaient, que la France allait être
jouée et que son absence de la scène égyptienne, surtout
aux dernières heures du drame héroï-comique, équivaudrait à une abdication. Aussi ne cessa-t-il d'user de toute
son influence pour décider les pouvoirs publics à agir
vigoureusement.

Cet homme, c'est Gambetta. Mais son influence, après
avoir été longtemps prépondérante dans les décisions du
gouvernement, déclinait visiblement. Son grand ministère, institué vers la fin de 1881, ne dura que quelques
mois à peine, et ses ennemis profitèrent de sa présence
officielle aux affaires pour porter le coup de grâce à sa
popularité. Gambetta ne put donc rien pour l'Égypte,
et les paroles patriotiques qu'il prononça sur ce sujet
ne lui attirèrent que des quolibets. On voit, à distance,

combien cependant il avait raison et comme son intelligence des véritables intérêts français l'avait merveilleusement servi.

Gambetta fut, d'ailleurs, contrecarré dans ses efforts par un personnage qui était alors dans tout l'éclat de sa gloire et dont le rôle paraît maintenant aussi incompréhensible que celui de M. de Blignières.

M. de Lesseps ajouta-t-il quelque foi à l'expression des sentiments patriotiques d'Arabi ? Mais M. de Lesseps avait de l'expérience et il possédait au moins ce mérite de se connaître en hommes d'Orient. S'imagina-t-il sincèrement que l'Égypte allait être régénérée par l'application d'un régime constitutionnel à la mode occidentale? Mais M. de Lesseps, pour avoir vécu, presque toute sa vie, en Égypte, savait mieux que personne qu'on n'aurait pu trouver dans tout le pays les éléments d'une Chambre représentative, même rudimentaire.

Alors, pourquoi M. de Lesseps a-t-il ajouté au mouvement révolutionnaire toute l'autorité de sa parole écoutée? Pourquoi son voyage à Londres, dont on n'a pas encore pénétré le mobile ? Pourquoi ses mystérieux entretiens avec les hommes d'État anglais? Pourquoi ses parades, dont il ne sentait pas le ridicule, à la tête des régiments révoltés? Pourquoi ses discours dans les banquets tapageurs, où il saluait « les hardis pionniers du libéralisme nouveau se faisant jour en Égypte ? »

À cette époque, toute parole tombant des lèvres du grand Français : *quantum mutatus ab illo !* étaient bues en France et victorieusement opposées aux clairvoyantes prophéties de Gambetta. L'attitude de M. de Lesseps rendit fatale l'abstention de la France ; si elle ne rendit pas absolument nécessaire l'intervention de l'Angleterre, elle fournit du moins à celle-ci quelques prétextes avouables dont elle se prévaut encore pour maintenir son occupation en Égypte, au mépris de ses engagements les plus formels.

CHAPITRE IV

L'Œuvre civilisatrice en Égypte.

L'Angleterre a commencé par accaparer le régime des Capitulations qui avaient été concédées à la France, exclusivement; elle a ensuite accaparé le canal de Suez qui avait été créé avec l'argent et le génie français; puis, elle a mis la main sur les tribunaux mixtes qui avaient été institués par Nubar-Pacha avec les encouragements de la France et qui avaient fonctionné merveilleusement sous la direction d'un Français, le premier président, M. Lapenna; elle compte déjà parmi les juges un tiers de ses nationaux, en attendant d'avoir la majorité et de faire de cet organe de justice impartiale un instrument de lâche complaisance envers sa politique tortueuse.. Enfin, elle vient de s'emparer du gouvernement égyptien, fondé par Méhémet-Ali avec le concours des vieux soldats de Napoléon et soutenu par la France de tous les régimes.

Dans toute cette affaire, le léopard britannique s'est conduit comme la hyène attendant que le lion ait déchiré la proie pour la dépecer et la dévorer sans péril. Sa conduite en Égypte a été la répétition de sa conduite dans l'Inde où elle n'a fait, en somme, que reprendre en sous-main l'œuvre immense de Dupleix et se coucher dans un lit opulent dont elle n'avait fourni ni le bois, ni le sommier, ni les draps, ni les couvertures.

La France de Louis XV n'a pas su s'opposer victorieusement à cette usurpation, parce que la France de Louis XV était endormie dans le plaisir. De même la France de 1840 n'a pas osé châtier l'insolence de l'Angleterre et maintenir les droits, consacrés par la victoire, de son protégé Méhémet-Ali, parce que la France de 1840 se trouva tout à coup en face de l'Europe ameutée par sa perfide rivale.

Mais aujourd'hui les temps sont changés et les Puissances, favorables à l'Angleterre en 1840, se sont maintenant toutes retournées contre elle, parce que ce n'est plus seulement l'honneur de la France qui est foulé aux pieds; ce sont les intérêts de toutes les Puissances qui sont lésés dans le présent et compromis dans l'avenir.

Ce serait une grave erreur de la part de l'Angleterre de s'imaginer que l'immorale doctrine des « faits accomplis » soit passée à l'état de dogme dans les chancelleries, alors surtout que « ces faits accomplis » constituent un danger permanent pour la sécurité des autres peuples. L'Angleterre a accompli l'occupation d'Égypte. Reste à savoir si l'Europe ne va pas lui demander compte des conditions dans lesquelles cette occupation a été accomplie et des engagements qui ont accompagné et suivi cette occupation.

Il y a plus ici qu'une question de moralité pure; il y a un contrat en bonne et due forme, au bas duquel les Puissances ont apposé leurs signatures, et aucune d'elles ne souffrira que ces signatures soient biffées ou protestées.

Il y a ce qu'on appelle le protocole de désintéressement, signé à la conférence de Constantinople, dont la tenue a précédé les événements de 1882. Voici le texte de cet acte authentique :

« Les gouvernements représentés par les soussignés s'engagent dans tout arrangement qui pourrait se faire par suite de leur action concertée pour le règlement des affaires d'Égypte, à ne rechercher aucun avantage territorial, ni la concession d'aucun privilège exclusif, ni aucun avantage commercial pour leurs sujets que ceux que toute autre nation ne puisse également obtenir. »

Cet engagement que l'Angleterre et la France ont accepté et fait accepter par l'Europe a été signé par la conférence dans sa deuxième réunion ; c'est un acte dont on ne saurait diminuer l'importance, puisqu'il est antérieur à toute intervention isolée de l'Angleterre; on est surpris que les Puissances ne l'aient pas invoqué depuis

1882 comme le point d'appui le plus solide et le plus volontairement reconnu par l'Angleterre.

Il date du 25 juin 1882, quinze jours à peine avant le bombardement d'Alexandrie. On ne peut donc dire que la signature de l'Angleterre ait été surprise.

Cet ordre est rétabli depuis quinze ans, au cas où l'on admettrait qu'il ait jamais été sérieusement troublé, et les troupes anglaises tiennent toujours garnison dans les villes d'Égypte et leur nombre y est, tous les jours, renforcé.

Le général Wolseley, avant la pseudo-bataille de Tel-el-Kébir, avait été aussi catégorique que M. Gladstone.

.   .   .   .

« ..... le gouvernement de Sa Majesté, s'écriait-il dans sa proclamation du 19 août, a envoyé des troupes en Égypte dans le seul but de rétablir l'autorité du Khédive..... »

Que deviennent les promesses des ministres et des généraux anglais? Ces personnages s'inspirent-ils du Lacédémonien Lysandre, qui avait coutume de dire qu'on amuse les hommes avec de faux serments comme on amuse les enfants avec des osselets?

Que devient aussi la promesse d'un autre ministre anglais, lord Salisbury, affirmant que la politique du gouvernement de Sa Majesté n'a d'autre but que la prospérité du pays d'Égypte?

S'il faut en croire un écrivain anglais, M. Milner,

reste hypocrite de respect à la foi jurée envers l'alliée de la veille, mais les Anglais ont paré d'avance aux inconvénients de cette concurrence. Les écoles sont divisées en deux sections : la française et l'anglaise. Dans la section anglaise on enseigne la haine de la section française et on réussit si bien à l'attiser dans les jeunes âmes que l'Égypte de l'avenir sera divisée en deux camps irréconciliables : d'un côté les amis de la France, de l'autre les amis de l'Angleterre, qui se feront une guerre au couteau au lieu de faire ensemble la guerre au fusil à l'envahisseur.

L'hostilité contre l'influence française est poussée à ce point qu'on a tenté de détruire une œuvre des plus utiles : la mission Égyptienne en France.

« Cette institution chargée de compléter à Paris l'instruction des meilleurs étudiants égyptiens, qui a donné à l'Égypte ses hommes les plus distingués, fort importante autrefois, n'est plus composée à l'heure actuelle que d'une dizaine d'étudiants, pour la moitié Arméniens. On empêche maintenant les étudiants de venir en France ; on les force maintenant à se rendre à Londres, où ils avouent pourtant ne pouvoir faire de bonnes études. » — (*Confér. mus. Kamel*)

Voilà, au point de vue de l'instruction générale, l'œuvre intellectuelle de l'Angleterre après quinze ans d'occupation.

Si l'on entend par civilisation une bonne administration de la justice, on ne saurait en tracer le tableau sous des couleurs trop sombres.

Dans le but caché de faire échec aux Tribunaux mixtes dont l'indépendance et la haute compétence portaient ombrage à leurs criantes partialités, les Anglais ont commencé par créer des Tribunaux indigènes. Ils exagèrent d'ailleurs quand ils se prétendent les créateurs de cette institution fort utile en soi. Avant eux le gouvernement égyptien avait étudié la question et avait même promulgué un décret d'organisation en 1880. L'insurrection d'Arabi fit ajourner l'inauguration de ces Tribunaux et le projet, repris au commencement de 1883, ne reçut forme définitive qu'à la fin de cette année.

Les Anglais exagèrent davantage quand ils disent que le fonctionnement de ces Tribunaux indigènes constitue un immense bienfait pour les Égyptiens, car ils les ont fait dévier de leur voie et les font servir à la satisfaction de leurs rancunes et de leurs intérêts.

Dans les commencements, l'institution donna d'assez belles espérances. Divisés en trois degrés de juridiction, la sommaire, la 1re instance et la Cour d'appel, les Tribunaux indigènes s'attachèrent tout d'abord à rendre prompte et exacte justice. Le niveau intellectuel et moral des magistrats était assez élevé pour qu'on pût avoir confiance en eux.

Cet état de choses dura jusqu'en 1890 ; à cette époque les Anglais tremblèrent que l'esprit d'indépendance ne pénétrât dans les prétoires. Pour couper court à ce danger, ils impatronisèrent l'élément anglais. Un *conseiller judiciaire* anglais fut nommé soi-disant pour étudier la marche des Tribunaux indigènes et proposer les réformes à introduire. Sa nomination fut d'abord provisoire et pour une seule année. A l'expiration de ce délai, elle devint définitive. Le conseiller présenta un rapport concluant à l'établissement d'un contrôle judiciaire, à l'effet d'inspecter les Tribunaux, étudier quelques dossiers et adresser aux magistrats des notes de blâme en cas d'improduction. Ce contrôle fut composé d'abord des deux meilleurs magistrats indigènes et procéda à plusieurs épurations.

« Ensuite le *conseiller anglais* se mit à battre en brèche cette organisation *quasi française pour l'assimiler petit à petit au système anglais du juge unique* (lequel sera forcément anglais).

Pour arriver à ce but, il augmenta considérablement la compétence civile et commerciale du juge sommaire et y fit comprendre d'abord la plupart, puis la totalité des délits, lesquels étaient de la compétence du Tribunal correctionnel composé de trois juges. Enfin, il a été plusieurs fois question de lui donner encore quelques crimes à juger pour finir par le substituer complètement au Tribunal de première instance.

La conséquence inévitable de ce système est de porter les appels des jugements sommaires devant les Tribunaux de première instance jugeant comme Tribunaux d'appel, et partant la diminution de l'importance de la Cour d'appel qui n'est plus appelée qu'à juger en deuxième degré les crimes et quelques délits.

De plus, les crimes furent divisés en deux catégories, suivant la peine prononcée par le Tribunal de première instance, et jugés par des chambres composées de trois ou cinq conseillers, suivant la catégorie. *Enfin, les Anglais ont augmenté le nombre des conseillers anglais qui ont actuellement la majorité dans une chambre civile et une chambre criminelle*, et ne tarderont guère à l'avoir dans toutes les chambres.

En dernier ressort, le pourvoi en cassation est entouré de telles difficultés qu'il devient presque illusoire.

D'un autre côté, le conseiller judiciaire chercha à avoir dans la main les clefs de l'instruction judiciaire pour s'y immiscer à volonté et la guider dans le sens utile à leurs vues, surtout dans les affaires à sensation.

Pour arriver à ce but, on a remanié le code de l'instruction criminelle et aboli, en quelque sorte, le juge d'instruction en donnant toutes ses prérogatives au Parquet.

De cette soi-disant Réforme naquit la confusion des deux pouvoirs essentiellement distincts : le pouvoir d'accuser et le pouvoir d'instruire. Le Parquet intentant l'action publique devant lui-même et instruisant en même temps.

Les inconvénients de ce système n'ont pas besoin d'être démontrés. Un fait récent les a cependant mis en évidence :

Un individu publia un poème de diffamation contre S. A. le Khédive.- Devant la réprobation générale, le ministère écrivit au procureur général d'instruire l'affaire.

Un substitut en fut chargé et l'a commencée et continuée très énergiquement. L'instruction inculpa un personnage haut placé et reconnu pour son anglophobie. Le substitut fit une descente chez lui et saisit des pièces prouvant sa participation dans quelques tripotages politiques et financiers. Immédiatement, les Anglais jetèrent feu et flammes et le conseiller judiciaire ordonna au procureur général de retirer l'instruction à ce substitut trop indiscret pour la confier à un magistrat plus malléable. Le procureur général refusa d'obtempérer à cet ordre donné très mal à propos.

Aussitôt, les Anglais en firent une question d'État; ils demandèrent le renvoi de ce magistrat et la nomination d'un procureur général anglais. Le ministère indigène, vil instrument entre les mains des Anglais, s'empressa d'accepter et le Khédive a dû céder.

Ainsi, l'accaparement des Tribunaux indigènes fut consommé devant le regard indifférent des représentants des Puissances qui ne réclament que si les intérêts de leurs nationaux sont menacés et font la sourde oreille lorsque les pauvres Égyptiens sont atteints dans leurs intérêts les plus vitaux.

Les juges indigènes sont amovibles et surveillés par un Comité de contrôle qui leur enlève toute liberté. Les Anglais seuls sont inamovibles.

Foulant aux pieds les formes élémentaires de la justice,

les Anglais menacent, à tout instant, de créer des Tribunaux spéciaux quand ils ont besoin d'une condamnation ou d'un acquittement. C'est ainsi qu'un de ces Tribunaux juge les rixes qui éclatent entre indigènes et soldats anglais et leurs arrêts vont jusqu'à la peine de mort, sans enquête préalable et sans qu'aucune règle de la procédure soit respectée.

Et je pourrais multiplier à l'infini les exemples d'iniquité.

Voilà comment les Anglais civilisateurs entendent la justice dans un pays qu'ils qualifient de barbare !

Si l'on entend par civilisation l'initiation d'un peuple encore enfant aux méthodes d'une administration régulière et économique, nous voyons la plaie du fonctionnarisme s'étendre comme un chancre sur tout le pays, pire à elle seule que les dix plaies ensemble dont Moïse frappa l'Égypte des Pharaons, puisqu'elle est permanente et qu'elle dévore sans pitié la substance du pauvre peuple, soumettant, en même temps, les contribuables à un espionnage insupportable de tous les instants.

Il va sans dire que les fonctionnaires à gros traitements sont toujours anglais. Les autres, les petits, sont des cosmopolites ignorants, écume et lie de toutes les nations, prêts à toutes les sales besognes pour complaire à ceux qui les nourrissent et les paient sans rien faire.

Les personnes soupçonnées d'être hostiles à l'Angleterre sont maltraitées et injuriées par ces ruffians; les traîtres et les mouchards sont récompensés. Qu'importe la nationalité du suspect? S'il est avocat, les juges condamneront toujours son client; s'il est propriétaire, les fonctionnaires empêcheront l'eau du Nil d'arroser son terrain.

Et que les Anglais n'essaient pas de dérober leur responsabilité de ces actes inqualifiables derrière celle du ministre indigène de l'Intérieur.

Ce ministre n'est rien depuis que les Anglais ont placé auprès de lui un conseiller, comme ils en ont placé auprès des juges et auprès de tous les fantoches égyptiens auxquels ils conservent une ombre de pouvoir.

« Ce conseiller ne se borne jamais au rôle de conseiller; il est tout dans le ministère, et le ministre, à côté de lui, n'est plus qu'un fantôme. Cette situation a fait que Nubar-Pacha, l'homme si dévoué à l'Angleterre et le créateur même de ce poste de conseiller, a dû donner sa démission, sous prétexte de faiblesse de santé. M. Gorst, comme tous ses compatriotes, a, dès le premier jour, travaillé à s'emparer de tout pouvoir et aujourd'hui, police, gouverneurs, préfets, maires, tous les fonctionnaires, en somme, ne dépendent plus que de lui. Il nomme à sa guise grands et petits employés. Les membres des conseils des provinces sont nommés sur ses indications. Et comme ceux-ci choisissent les membres du conseil législatif, il sera bien facile aux Anglais d'en écarter qui ils voudront. Les Anglais se sont emparés de tous les ressorts intérieurs du pays, et ils peuvent, à leur gré, y déchaîner tous les troubles quand ils leur seront utiles. La situation deviendra bien plus grave encore si, comme le bruit en court, on nomme un conseiller anglais dans chaque province ». — (*Confér. mus. Kamel.*)

La civilisation consiste-t-elle dans la bonne gestion des finances, l'équitable répartition des impôts, le dégrèvement des charges, l'économie des dépenses ?

Voyons encore comment les Anglais entendent sur ce point leur mission civilisatrice.

Avant leur néfaste occupation, les dépenses s'élevaient en Égypte à 180 millions de francs environ, y compris les intérêts de la Dette, et les recettes à 235 millions. Aujourd'hui les dépenses dépassent 240 millions et les recettes 250.

Le surplus des dépenses, soit 60 millions, est employé à l'entretien des budgétivores anglais. Le surplus des recettes est fourni par le fellah, accablé par les exigences du fisc. Le malheureux « ne travaille plus que pour payer ses redevances. Les dettes hypothécaires du fellah, qui étaient de 7 millions de livres en 1881, sont de 21 millions en 1894. Les Anglais ne cherchent, sans aucun souci de l'intérêt égyptien, qu'à remplir leurs caisses de l'argent du peuple. Ils ont forcé les habitants du Caire et d'Alexandrie à payer le rachat militaire, contrairement à ce qui se passait auparavant. A quoi servent ces recettes imprévues? Nul ne le sait. » — (*Confér. mus. Kamel.*)

Les Anglais sont allés jusqu'à tarir les sources naturelles des revenus, afin d'extorquer encore davantage d'argent aux infortunés contribuables qui n'en peuvent plus. C'est ainsi qu'ils ont interdit la culture du tabac. L'Égyptien est forcé d'acheter à l'Anglais du tabac étranger. Double profit pour les marchands de Londres qui écoulent ainsi leurs infects produits et suppriment une redoutable concurrence. Les Anglais ont en outre supprimé les compagnies de caboteurs égyptiens qui, faisant le service des ports de la mer Rouge, donnaient du pain à nombre de pauvres bateliers et rapportaient, en même temps, des redevances appréciables au Trésor public. Les Anglais ont réservé ces petits bénéfices à leurs nationaux.

Enfin, le mot « civilisation » signifie-t-il relèvement de l'être moral par les idées de patrie, d'honneur militaire, d'indépendance, de fierté? Voyons toujours comment les Anglais entendent ce relèvement.

Avant leur invasion funeste, l'Égypte possédait une armée autochtone formée, à l'européenne, par le célèbre colonel Sevé. Elle avait fait ses preuves puisqu'elle avait conquis le Soudan, l'Hedjaz et la Syrie, battu les Turcs à plate couture à la bataille de Nézib et fait trembler le Sultan à Constantinople. Les officiers indigènes élevés à une École militaire, étaient généralement instruits.

Cette École, depuis que les Anglais la dirigent, est tombée au-dessous d'une école primaire.

L'armée égyptienne est redevenue un troupeau de mamelucks commandé et terrifié par 75 officiers anglais. Les officiers égyptiens sont généralement mal traités, c'est pourquoi ils considèrent le service militaire comme une corvée plus ou moins désagréable, et aucun d'eux ne sait pourquoi il fait ce service au Caire ou à Wadi-Halfa.

« Les gaspillages du ministère de la Guerre sont au-dessus de toute expression. Les 75 officiers anglais de l'armée égyptienne touchent annuellement plus de 1 million de francs : autant que les 500 officiers égyptiens qui sont dans toute l'armée. Le budget de ce département est entièrement entre les mains du sirdar, l'Anglais Kitchener-Pacha, qui n'a de comptes à rendre à personne. Il arrive souvent qu'il manque plusieurs officiers dans les cadres : jamais on a vu leurs traitements économisés. Il manque souvent des montures : on n'a jamais su ou plutôt on sait très bien où passe l'argent affecté à leur entretien. Quant aux marchés passés par ce ministère, ainsi d'ailleurs qu'au ministère des Travaux publics avec ses entrepreneurs et ses fournisseurs », ce serait un sujet de scandale continuel si, en fait de déprédations anglaises, il n'était pas plus simple de ne se scandaliser de rien.

Je pourrais multiplier à l'infini les exemples de la civilisation anglaise et ajouter, traits sur traits, au tableau enchanteur esquissé par M. Milner. Mais il faut savoir se borner. Aussi bien pour n'être point accusé de faire un réquisitoire de parti pris, je vais examiner les réformes accomplies en Égypte, depuis l'occupation, et rechercher impartialement si l'Angleterre, qui encourt de si justes reproches, ne mérite pas aussi quelques éloges.

CHAPITRE V

Réformes et Philanthropie.

Puisque l'Angleterre se refuse à donner au mot « civilisation, » le sens qui lui est attribué généralement et puisque, d'autre part, elle prétend avoir comblé de bienfaits la malheureuse Égypte, c'est sans doute qu'elle aura fait disparaître de ce pays les abus qui sévissaient du temps des Beys et des Aghas, et même au temps plus rapproché de nous de l'indépendance des Khédives. Parmi ces abus, l'emploi trop fréquent de la courbache, comme châtiment répressif, doit être signalé, et il est certain que les Anglais ont fait décréter son abolition, du moins sur le papier.

Les Anglais mènent grand tapage de cette abolition ; c'est celle dont leurs journaux, tant du Caire que de la métropole font le plus de bruit et de réclame ; celle que l'on a enflée des mots les plus brillants encadrés dans les phrases les plus sonores. Progrès, justice, civilisation, humanité, et patati et patata ; avec une débauche de points admiratifs, exclamatifs terminant des entrefilets ultralaudatifs.

Reste à savoir si cette abolition de la courbache n'est pas une hypocrisie de plus qu'il faut mettre au passif des Anglais.

Les coups de bâton écorchaient l'épiderme, c'est vrai, et ils offensaient profondément la dignité humaine; mais ils sont remplacés par l'infecte prison où le malheureux Égyptien, jeté par ses maîtres, pour un oui, pour un non, croupit dans une saleté repoussante et périt souvent de misère et de faim. La plupart de ces pauvres diables préféreraient cent fois le régime de la courbache qui n'a jamais fait mourir personne et dont on guérissait au bout de quinze jours de repos et de frictions.

Comment croire d'ailleurs que les Anglais ont supprimé la courbache, par humanité en Égypte, lorsqu'ils ont rétabli, chez eux, en Grande-Bretagne, le cruel chat à neuf queues? La dignité de leurs pickpokets serait-elle de moindre qualité que la dignité des voleurs fellahs? le remède qui convient aux uns serait-il devenu détestable pour les autres?

On a beau creuser ces problèmes palpitants, on ne trouve d'autres explications à l'abolition de la courbache que le désir de jeter de la poudre aux yeux des Européens généralement hostiles, d'après les idées modernes, aux châtiments corporels, ou bien l'intention criminelle de faire périr lâchement et sans bruit le plus de fellahs possible au fond de malsaines ergastules.

Et puis, il semblerait que certains Anglais se plaignent déjà d'être privés depuis trop longtemps du spectacle des épaules rougies sous la verge des bourreaux et des hurlements des victimes tordant leurs membres liés sur le fatal chevalet. Voici qu'après avoir demandé la suppression de la courbache, le journal officiel anglais du Caire, l'*Egyptian Gazette*, demande maintenant la suppression de cette suppression. Il émet l'opinion que l'abolition a été prématurée, que l'on aurait dû simplement faire disparaître l'*abus*.

Où diable peut bien finir l'usage licite de la courbache et commencer l'abus ? Est-il permis de flanquer un coup et abusif d'en donner deux ? Peut-on, en courbachant son barbarin, être considéré comme usant d'un droit et abuserait-on de ce droit si l'on opérait sur son chien ? Autant de questions, autant de mystères !

En attendant que le spectacle de la courbache soit donné, de nouveau, gratuitement, sur les places publiques du Caire et d'Alexandrie, aux tendres miss accourues des quatre coins du monde pour en jouir, voici que déjà les heureux reporters de langue anglaise peuvent se procurer ce passe-temps dans les prisons.

Un arrêté ministériel vient, en effet, de rétablir cette peine à l'usage des détenus récalcitrants. Et pour qu'on ne m'accuse pas d'inventer, voici le texte de cet arrêté :

Aʀt. 43. Tout détenu, coupable de menaces ou d'injures réitérées, proférées contre un des fonctionnaires ou employés de la prison, ou d'attaques dangereuses et réitérées sur la personne d'un autre détenu, peut être condamné par le *moudir* ou le *gouverneur* à une punition corporelle de douze coups de fouet au maximum, et, en cas de récidive, à vingt quatre coups au plus.

Il y a lieu d'ajouter que les condamnés aux travaux forcés à perpétuité peuvent être condamnés « sur autorisation de *l'inspecteur des prisons*, à un maximum de trente-six coups de fouet, en cas de refus de travail ou d'actes de mutinerie ou de violence. »

Le Khédive s'est refusé, paraît-il, à signer cet arrêté. Quoique musulman, il veut garder, au moins pour son peuple, le bénéfice des idées chrétiennes, puisqu'il est contraint de souffrir la tyrannie d'une nation qui se dit chrétienne.

On s'est passé de son autorisation.

L'abolition de la courbache, due aux insistances du gouvernement anglais, en avait-on fait assez de tapage à Londres? En avait-on extrait assez la quintessence, pour proclamer que l'Angleterre marchait à la tête des nations dans la voie du progrès et de l'humanité!

Et aujourd'hui, on y revient; mais ne voulant s'infliger que la contradiction la moins bruyante possible, afin de ne pas ameuter l'opinion, on introduit de nouveau le régime odieux, non plus avec la sanction d'un décret du Khédive qui se fût refusé à le signer, mais en passant sous la porte basse d'un simple réglement ministériel, signé par un chef de cabinet à qui il ne reste plus, à l'égard des usurpateurs de l'autorité, aucune compromission à accepter, aucune complaisance à avoir; la série des aplatissements étant complète, absolument complète.

Au temps des Beys, des Aghas et même des Vice-Rois,

les exactions étaient nombreuses et l'arbitraire régnait
en maître dans la perception des impôts. Celui qui avait
payé une fois n'était pas sûr du tout de ne plus payer
une autre et même deux autres fois. Au demeurant,
néanmoins, les impôts étaient moins lourds qu'aujour-
d'hui et les sommes totales perçues sur le pauvre tra-
vailleur moins importantes. J'ai prouvé plus haut qu'en
quinze ans les impôts avaient été majorés par les
Anglais de 70 millions.

Les percepteurs anglais procèdent un peu plus méthodiquement que les antiques fonctionnaires turcs. Cependant, pour se faire la main, ils ne dédaignent pas, de
temps à autre, d'employer exactement les mêmes
moyens que leurs prédécesseurs. Je n'en veux d'autre
preuve que le témoignage d'un courageux journal, le
Journal d'Égypte, qui écrivait, au mois d'octobre dernier, l'article suivant, qui vaut la peine d'être reproduit
en entier :

« L'été dernier, l'auteur de ces lignes, en quête de
repos et de fraîcheur dans les environs de Damiette,
faillit être témoin de scènes d'une violence sauvage
commises par des soldats réguliers, commandés par *des
officiers dont les principaux étaient Anglais.*

« Des villages de pêcheurs avaient été cernés nuitam-
ment, d'une part par des fantassins à pied et à chameau
et d'autre part par des canots montés par des marins
de l'État. Les habitations avaient été perquisitionnées,

sous le prétexte de rechercher le sel de contrebande. Les habitants, violentés, frappés à coups de bâton et à coups de crosse, avaient été dépouillés et emprisonnés : Tels les Barbaresques faisant une descente parmi les malheureuses populations du littoral méditerranéen au XVIᵉ siècle.

« Ces crimes furent reconnus exacts à la suite d'une enquête poursuivie par M. Kahil, avocat, chef du contentieux des gardes-côtes, dont l'impartialité ne pouvait être suspectée. Les criminels étaient les soldats gardes-côtes eux-mêmes, ou mieux, les chefs qui les commandaient. Les razzias avaient été faites *militairement*.

« Ces incroyables rapines, exécutées froidement et méthodiquement, affectaient des airs d'exécution judiciaire.

« Dans l'un des villages (1) cernés par les forces de terre et de mer, les gardes-côtes, *un sous-inspecteur en tête,* pénètrent chez un des notables figurant sur la liste des suspects. La maison était habitée par le propriétaire et ses deux fils.

« Après avoir brutalement tout mis sens dessus dessous sans découvrir le moindre grain de sel, les soldats, furieux de sortir bredouilles, pestaient contre ces chiens de paysans si durs à la détente, lorsque leur chef leur dit : Malèche! nous n'aurons pas perdu notre temps ; et

---

(1) Cinq villages furent ainsi mis à sac le 23 juillet 1896 : *Ezbet-el-Lahm, El Kaïata, Cheik Durgam, Kafr-Houmedia et Ezbet-el-Bourg.*

s'adressant au villageois : — Tu es à l'amende de trois livres, une pour toi et une pour chacun de tes fils. — Pourquoi? demande le villageois, puisque tu n'as rien trouvé chez moi qui puisse me compromettre. — Je n'ai pas de raison à te donner, réplique le soudard, il faut payer *ou aller au fort...* » Un sous-inspecteur survient. On le met au courant de la situation et le brave homme, feignant de s'intéresser au sort du pauvre diable, l'interroge longuement. « — Tes deux fils travaillent avec toi? — Oui. — Ils ne font pas de commerce pour leur compte particulier ? — Non, ce sont des ouvriers qui portent leur salaire à la famille; nous vivons tous en commun. — C'est bien, répond le chef magnanime, effacez deux livres, il n'en paiera qu'une. — Mais on n'a pas trouvé de sel chez moi ! pourquoi cette amende ? — Silence! une livre... ou le fort ! » (textuel).

« Ces exploits, dignes des frères Barberousse, nous donnèrent la légitime curiosité de savoir ce qu'était ce corps de gardes-côtes qui, à l'origine, en 1883, se composait de quelques braves marins et coûtait au budget 4,000 livres en nombre rond.

« Des surprises nous attendaient.

« La poignée de gardes-côtes de 1883 avait fait des petits, oh! beaucoup de petits! On en comptait, au mois d'août 1896, *trois mille* entretenus par un budget de *cent mille livres,* soit *deux millions six cent mille francs* (2,600,000), somme un peu inférieure à celle que l'armée d'occupation coûte à l'Égypte.

« Une pareille armée, comprenant une flottille de canots à vapeur, de nombreuses embarcations à voiles et de l'infanterie montée à chameau, ne pouvait plus obéir aux diverses administrations dont les gardes-côtes étaient ou plutôt auraient dû être les humbles et utiles auxiliaires, telles que la douane, le sel, les tabacs, etc. Aussi, ces soldats, trop connus des pêcheurs de Menzaleh, ont-ils reçu une organisation remarquable. Ils forment un corps spécial commandé par des chefs indigènes ou étrangers, mais dont le dévouement aux Anglais est éprouvé. Du reste, depuis l'élargissement des cadres, de nombreuses « épurations » ont été faites. L'administration des gardes-côtes est strictement autonome, ses chefs sont juges de l'opportunité des services à rendre aux diverses branches des administrations dont ils devraient logiquement recevoir des ordres indiscutables. Les cadres sont doués d'une élasticité merveilleuse et son budget est lettre close pour tous, sauf pour sir El. Palmer.

« Ces faits, rigoureusement vrais en 1896, se sont accentués en 1897, et on nous avise de Port-Saïd, Ismaïlia et Suez que le corps des gardes-côtes a été renforcé et qu'on peut considérer le canal maritime comme occupé militairement par ces pseudo-gardiens du fisc qui ne perdent pas de vue les stationnaires anglais de Port-Saïd et de Suez.

« Nous aimons à croire, ajoute le journaliste, M. Barrière, que ces renseignements, dont il est facile de vérifier l'exactitude sans s'adresser au sirdar ou au président du Conseil, ne paraîtront pas dénués d'intérêt à tous ceux que la liberté du canal de Suez doit préoccuper. »

Les Anglais se targuent aussi d'avoir supprimé la corvée. Il est vrai que leurs fonctionnaires ne vont pas arracher les fellahs à la charrue pour leur imposer, au hasard de leurs caprices, soit un travail public sur les grandes routes, soit un travail particulier sur leurs propres domaines. Sous la philanthropique administration anglaise, la corvée n'est plus arbitraire, mais elle est régularisée. Jadis, elle pouvait s'abattre constamment sur le même; aujourd'hui elle s'abat indistinctement sur tous. Chacun a son tour; on n'en travaille que davantage gratuitement. Il est juste aussi de dire que le mot « corvée » a été supprimé comme *shocking*; les Anglais l'ont remplacé par celui de « prestation » qui sonne mieux aux oreilles. On n'est plus corvéable en Égypte; on est *prestable*. Comment les Égyptiens ne seraient-ils pas reconnaissants envers des conquérants qui ont apporté un si notable adoucissement à leur sort?

Et comme la gent prestable est, tous les ans, recensée, on sait au juste, de combien de journées de travail gratuit on peut disposer, ce qui est d'une sage administration. Et comme le travail c'est de l'argent, les seigneurs et maîtres de l'Égypte ont imaginé de l'escompter d'avance. A chaque instant, les fonctionnaires anglais passent des contrats avec des fabricants, Anglais comme eux, et leur livrent, contre argent comptant, un nombre déterminé de fellahs conduits au travail par des gardes-chiourmes, avec aussi peu d'égards que s'il s'agissait d'un vil bétail. On a reproché ces marchés honteux à certains directeurs des bagnes de la Nouvelle-Calédonie. Mais enfin, à Nouméa, on ne fait que vendre du travail de forçats, et que ces malheureux peinent à la mine de nickel ou sur les grandes routes, ils ne font là ou là, qu'expier leurs crimes. En Égypte, il s'agit d'hommes libres.

L'œuvre dont les Anglais tirent peut-être le plus de vanité, c'est l'œuvre de la répression de la traite.

L'Égypte n'est plus, en effet, un marché d'esclaves, du moins apparent, mais comme les marchands de chair humaine n'ont pas disparu du continent noir, ceux-ci en sont quittes pour faire faire à leur marchandise un plus long détour. Il y a plus de déchet, le long des routes brûlantes du désert, mais les marchands se rattrapent en vendant plus cher les malheureux et les malheureuses qui ont survécu à l'affreux trajet. Ils finissent toujours par aborder à quelque port de la mer Rouge où il se trouve, comme à point nommé, des navires anglais qui embarquent la denrée vivante et la transportent soit à Beyrouth, soit à Smyrne.

Enfin, dernier terme de l'hypocrisie humaine! L'Angleterre qui se place officiellement à la tête des nations abolitionnistes de l'esclavage, a traité officiellement avec Rabah, le grand marchand d'esclaves de toute la côte orientale d'Afrique. Elle a reconnu sa domination sur le Darfour et le Bornou, lui fournissant des armes pour lui permettre de continuer honnêtement son honnête métier et l'investissant ouvertement de la haute protection de la Reine.

Si ce misérable Rabah n'avait été tué heureusement, l'an passé, par le Sultan dépossédé du Bornou, on l'aurait vu déjà envahir audacieusement les possessions françaises, belges et allemandes du centre de l'Afrique et mitrailler les sujets de ces Puissances avec des canons anglais, servis sans doute par des officiers anglais.

Le clergyman défroqué, si justement pendu par ordre du capitaine belge Lothaire, était-il, d'ailleurs, autre chose qu'un marchand d'esclaves, opérant sous la protection et avec l'approbation de sa mère-patrie, l'Angleterre ?

Parlerai-je pour terminer ce chapitre des réformes et des philanthropies anglaises, du projet d'attentat médité contre les Tribunaux mixtes, seul vestige des diverses influences européennes et dernière garantie laissée aux justiciables de toutes les nations. On a vu plus haut que leur situation avait été amoindrie par la main-mise des Anglais sur les Tribunaux indigènes et par la corruption systématique de ceux-ci. J'ai dit aussi que les Anglais avaient introduit, par infiltration, un trop grand nombre de leurs nationaux, parmi les juges internationaux.

Voilà que maintenant ils jettent enfin le masque et

qu'ils demandent aux Puissances d'abolir, pour ainsi dire, toute la compétence de ces Tribunaux. La circulaire par laquelle ils font cette audacieuse proposition date de la première quinzaine de novembre dernier. Cette pièce diplomatique a fait moins de bruit en Europe qu'en Égypte. Il est cependant nécessaire de provoquer l'attention du public sur cette suprême tentative d'usurpation. Les Tribunaux mixtes ne fonctionnent, en effet, que par périodes quinquennales et la période en cours prend fin le 1er février. Il n'est que temps d'aviser.

Les modifications proposées par l'Angleterre visent les articles 11 et 16 du réglement d'organisation, le premier en tant « qu'il traite de la compétence en matière immobilière, le second concernant les atteintes portées à un des droits acquis d'un étranger par un acte d'administration ; en outre, l'article 11 du Code civil qui statue qu'en cas de silence, d'insuffisance ou d'obscurité de la loi, le juge doit se conformer aux principes du droit naturel et aux règles de l'équité ; et finalement l'article 341 du Code civil relatif au transfert de créances ou à la cession de droits, de la part d'un indigéne, au profit d'un étranger contre un indigéne, pour rendre la juridiction mixte compétente ou plutôt pour rendre la juridiction locale incompétente.

A part la question de l'article 11 du Code civil, dont l'absurdité a été démontrée par l'expérience et qu'il faudrait certainement modifier, toucher aux autres articles serait porter le plus grand préjudice aux intérêts des étrangers en Égypte. Nous perdrions nos plus belles garanties qui n'ont pu être obtenues par l'Europe qu'après les longs et pénibles efforts de sa diplomatie.

« En effet, tant que les Tribunaux indigènes resteront soumis à un contrôle qui est la négation de toute indépendance, leur donner une compétence générale en matière immobilière serait soumettre les propriétaires étrangers au caprice et à l'arbitraire du comité secret qu'une folle pensée ou une aberration mentale ont pu seules imaginer et créer.

« Enlever aux Tribunaux mixtes le droit de statuer sur les atteintes portées à un droit acquis d'un étranger par un acte d'administration, sous prétexte que ces Tribunaux n'ont établi aucune différence entre des actes de souveraineté et des mesures administratives, équivaudrait à donner au pouvoir administratif le droit d'établir cette différence au fur et à mesure que les cas se présenteront, car il est impossible de prévoir tous les actes administratifs qu'il plaira au gouvernement de consommer. Or, il ne faut pas perdre de vue que l'Égypte traverse une crise inconnue dans l'histoire d'aucun peuple. C'est qu'à l'exception de la juridiction des Tribunaux mixtes tous les pouvoirs souverain ou administratif sont ici concentrés entre les mains d'un seul homme, omnipotent et irresponsable. »

Et cet homme qui s'appelle aujourd'hui lord Cromer, qui s'appellera demain M. Goschen ou lord Dufferin, n'aura jamais d'autre objet et d'autre but que la confiscation des droits des Européens au profit de ses nationaux.

Enlever aux juges des Tribunaux mixtes, mandataires de l'Europe, le droit d'établir la distinction entre un acte de souveraineté et un acte administratif, c'est vouloir se moquer de l'Europe.

Pour comble d'impudence, le journal officiel de lord Cromer propose, en outre, d'employer la langue anglaise dans les Tribunaux mixtes.

Pourquoi ne pas passer un décret déclarant que l'Égypte est terre anglaise au même titre que l'Écosse ou la principauté de Galles? Ce serait plus franc.

Les Tribunaux mixtes, je ne saurais trop souvent le répéter, sont la dernière forteresse des droits des Puissances en Égypte. Si on la laisse renverser sans tirer le canon, autant vaut, pour la Russie, la France, l'Allemagne et les autres, se déclarer tout de suite, tributaires d'Albion.

CHAPITRE VI

De l'Autorité Khédiviale.

Ce pessimisme passera peut-être pour exagéré aux yeux de ceux qui s'imaginent que le jeune Vice-Roi actuel est de taille à résister aux exigences successives de ses maîtres et qu'il saura se montrer le vrai souverain, quand ces exigences auront atteint les dernières limites.

Il est toujours fâcheux de détruire les suprêmes illusions des optimistes, mais le plus rapide examen des faits démontre qu'Abbas-Pacha, malgré sa haute valeur personnelle, malgré sa virile éducation à la cour d'Autriche, la plus aristocratique et la plus hautaine peut-être de toutes les cours, n'est plus, entre les mains de ses oppresseurs, qu'un fantôme royal qu'un souffle ferait disparaître, au cas où sa fierté le pousserait quelque jour à un essai quelconque de révolte. Les Anglais ont pris soin de lui enlever d'avance tout moyen d'action.

Chacun de ses ministres est flanqué d'un conseiller, c'est-à-dire d'un tuteur dont il doit suivre les inspirations sous menace, toujours suivie d'effet, de révocation immédiate. Le Khédive subit une tutelle encore plus intolérable de la part de lord Cromer qui se plaît à ajouter à la tyrannie la raillerie et l'insulte dans ce qu'elles ont de plus abject : l'anonymat. Des écrivains à sa solde n'ont d'autre mission que d'outrager leur souverain de droit à plume déboutonnée, et quand Abbas demande à ses Tribunaux la protection à laquelle a droit le moindre de ses sujets diffamés, ces Tribunaux, stylés par lord Cromer, refusent de poursuivre ou acquittent l'insulteur.

Malheur au magistrat qui chercherait à témoigner, en sa faveur, d'un reste de loyalisme !

« Un obscur adolescent, plus qu'obscur, inconnu, publie dans une feuille créée pour la circonstance, disparue déjà le lendemain, un injurieux libelle contre la dynastie de Méhémet-Ali : ce libelle, que l'on a appelé « un poème » ! s'attarde en des insultes personnelles contre S. A. le Khédive.

Une instruction de l'affaire s'impose ; on la commence, et dès le début apparaît l'action de gens qu'on avait le droit de s'attendre à ne pas trouver en pareil bourbier. L'obscur adolescent, l'inconnu, n'est qu'un homme de paille, un prête-nom, un rouage infime qui a, pour quelques livres, servi d'intermédiaire entre un imprimeur et les auteurs. Ces auteurs, le parquet pense les avoir trouvés ; il les nomme, et son rapport conclut à déférer devant les Tribunaux trois individus contre lesquels il a relevé les présomptions les plus graves.

L'opinion publique, surexcitée, indignée depuis quinze jours, est un peu soulagée ; justice va être faite.

Ce serait trop beau, hélas ! Et voilà que des influences coercitives s'exercent ; un parti s'agite ; et un travail sournois, anonyme, mais visible en ses efforts, se fait pour étouffer l'affaire. Pourquoi ?

C'est que, là-bas, derrière les auteurs, qui n'ont été eux-mêmes que des instruments entre puissantes mains, il y a les inspirateurs, les vrais, les plus coupables.

La malpropre attaque qui, si elle avait été réellement écrite par le premier auteur que l'on accusait, n'eût été qu'un misérable pamphlet sans portée, est devenue, par la haute situation des inspirateurs en question, un acte d'une telle gravité qu'il ne faut à aucun, aucun prix, que les recherches d'une consciencieuse enquête puissent aboutir à les trouver et à les nommer.

Mais, les influences, si prometteuses ou si menaçantes qu'elles soient, n'ont pu avoir raison du fonctionnaire en qui le Vice-Roi avait eu assez de confiance pour le mettre à la tête de la justice égyptienne. Cette confiance était bien placée. Le procureur général des Tribunaux indigènes n'a pas voulu subir la pression de gens qui croyaient faire de lui un juge prévaricateur, qui avaient espéré l'amener à une complicité dans leurs agissements, au profit de LA CAUSE INIQUE. Il a refusé d'étouffer le scandale grossissant : on l'a révoqué.

Hamdullah-Bey Amin se retire donc. Son nom figurera à côté de ceux de ses collègues qui ont préféré la retraite à l'apostasie judiciaire, de ceux qui ont brisé leur carrière plutôt que de devenir les instruments de l'odieuse politique d'asservissement poursuivie par la Puissance occupante. » *(Journ. d'Égypte.)*

Le corollaire immédiat de cette révocation a été naturellement la nomination d'un procureur général anglais.

Voilà donc les Tribunaux indigènes entièrement à la merci de l'Angleterre, et le Khédive, au nom duquel ils rendent la justice, est, en réalité, devenu leur justiciable.

La situation de Louis XVI, vis-à-vis de la Révolution triomphante, n'a pas été plus lamentable que celle d'Abbas, en face des intrus qui se sont emparés de sa maison. Il y a même cette différence que les révolutionnaires, en insultant aux malheurs de Louis XVI et de Marie-Antoinette, avaient l'excuse de la passion politique, tandis que les Anglais outragent froidement leur victime et qu'ils sont des étrangers.

Afin de donner le change, ils le font outrager par ceux qui furent ses amis.

C'est ainsi qu'un nommé *Moussa-el-Accab*, ancien complice d'Arabi, vient de lancer contre le Khédive une ignoble diatribe. Le choix de ce porte-parole indique assez quelle signification les Anglais ont entendu donner à cette insulte.

Le fellah ne comprend pas encore que l'aventure arabiste a amené la tyrannique occupation anglaise ; il ne se rend pas compte que « ceci » a créé « cela », et il voit encore, dans ceux qui préparèrent à l'Angleterre le lit où elle prétend se coucher, les représentants d'un parti national qui devait extirper, par sa seule influence, les maux financiers et sociaux dont souffrait l'Égypte. Il ignore encore, que l'intérêt personnel seul guida ces tristes personnages ; et, c'est sur cette ignorance que spécule en ce moment l'élément anglais en se servant de Moussa-el-Accab.

Sur qui Abbas s'appuierait-il pour tenter une résistance efficace ? Ses serviteurs l'ont abandonné ; ses amis l'ont trahi ; son peuple est abusé !

Il lui reste bien dans les provinces quelques fonctionnaires subalternes fidèles et qu'on appelle les *moudirs*.

Le *moudir*, sorte de préfet, est revêtu d'une partie de l'autorité khédiviale et il cherche parfois à la faire prévaloir.

C'est trop d'influence au gré de Messieurs les Anglais. Aussi ont-ils l'intention de flanquer ces *moudirs* de conseillers anglais, ni plus ni moins que s'il s'agissait de ministres. Ce coadjuteur, conseilleur et censeur, maître Jacques politique, doué de tous les talents que la qualité d'Anglais comporte et n'ayant à rendre compte de ses actes qu'au petit M. Gorst, refrénera le zèle des *moudirs* et ceux-ci, à leur tour, seront bien obligés de marquer le pas.

Cet ange gardien sera un personnage de marque, flanqué de beaucoup de sous-anges n'ayant pas de plumes dans le dos mais possédant de fortes mâchoires, doués d'un solide appétit, qui seront dans l'ordre administratif quelque chose comme les « surveillants de contrats » dans l'ordre technique. Que voulez-vous? les temps sont durs et le stock des gentlemen qui mâchaient à vide, prend des proportions inquiétantes... pour les protégés de la noble Angleterre.

Quand l'Angleterre aura réussi à annihiler ce qui reste du pouvoir des *moudirs,* on pourra dire que la prophétie de lord Palmerston est réalisée et que l'Égypte est véritablement ramonée.

On sait, en effet, que le successeur immédiat de Méhémet-Ali, Saïd-Pacha, lors d'un voyage qu'il fit en Europe, eut à Londres un entretien orageux avec lord Palmerston qui, exaspéré des sympathies que le Vice-Roi témoignait à la France, osa lui dire : « Votre Égypte est un tuyau de poêle que je ramonerai par les deux bouts, quand je le voudrai. »

La brutale menace de lord Palmerston a été mise à exécution quarante ans plus tard et ce n'est pas de la suie que cette opération fait tomber dans les poches des ramoneurs.

CHAPITRE VII

La Russie et l'Égypte.

En « ramonant » l'Égypte comme un tuyau de poêle l'Angleterre a fait litière du droit de propriété des occupants du sol, Égyptiens et étrangers de toutes nationalités qui ne demandaient que le pain de chaque jour, en travaillant cette terre fertile : elle a de plus froissé l'honneur et lésé les intérêts directs des grandes Puissances européennes qui toutes, à des titres divers, se sont préoccupées et se préoccupent toujours de la question égyptienne. Toutes, en effet, à plusieurs reprises, depuis soixante ans, ont été appelées à garantir, par leurs signatures, l'indépendance, qui dans ce cas, signifie neutralité du Delta du Nil, et aucune ne supportera indéfiniment que sa signature passe à l'état de lettre morte.

Ce serait une erreur décevante de la part des hommes d'État anglais de se figurer que la France étant la principale offensée les autres Puissances ne chercheront pas à relever le gant, tant que la grande nation ne se sera pas départie de sa patience et de sa longanimité. Le réveil serait terrible pour l'Angleterre endormie par ses ministres dans une fausse sécurité.

Les écrivains anglais, plus avisés que ses hommes d'État, sentent très bien que la coupe est près de déborder et que le jour où l'une de ces grandes Puissances aurait jugé qu'il est temps de mettre fin à la vaste escroquerie britannique, une coalition serait vite formée, dans laquelle entreraient les éléments les plus disparates, tant le besoin de s'entr'aider contre l'ennemi commun paraîtrait urgent; on jetterait, au besoin, un voile sur les rancunes les plus tenaces.

C'est ainsi que *le Globe*, de Londres, écrivait tout récemment :

Espérons que l'on ne fermera pas les yeux en Angleterre devant ce fait qu'une vaste coalition anti-britannique n'est pas seulement une possibilité, mais constitue un péril sérieux.

Jusqu'à ce jour, l'Empereur allemand n'a rien fait pour écrire son nom dans l'histoire. Or, personne n'ignore que, premièrement, il demande, de tout son désir, à le faire ; que secondement, le meilleur moyen à ses yeux d'y réussir, c'est d'humilier l'Angleterre.

Le *Daily-Mail* disait de son côté :

Ce potentat remuant (Guillaume II) caresse depuis longtemps le projet d'unir la France, la Russie et l'Allemagne dans une alliance contre la Grande-Bretagne. Du côté de la Russie, le projet rencontre peu ou point de difficultés. Cette grande Puissance a tout à attendre d'une guerre heureuse contre l'Angleterre, et si peu à perdre d'une défaite, qu'il ne paraît pas probable qu'elle s'oppose à la réalisation d'un pareil projet.

Reste la France. Il ne faut pas que les Anglais s'imaginent que les souvenirs de 1870 suffiront toujours pour ranger la France dans le camp hostile à l'Allemagne. Sedan, de même que Trafalgar et

Waterloo, a presque complètement passé dans le domaine de l'histoire, et la majorité des Français seraient enchantés de se tailler dans l'empire britannique une compensation pour les sacrifices que leur a imposés le traité de Fancfort.

Sans doute les provinces perdues continuent à être un sérieux obstacle au projet de Guillaume II, mais si l'Allemagne cédait une partie, quelque minime fût-elle, de sa conquête, nous nous tromperions grossièrement si nous supposions que l'Allemagne ne gagnerait pas l'amitié, au moins temporaire, de sa vieille ennemie. La seule cession de Metz pourrait changer le courant tout entier de l'opinion en France. Metz, en effet, n'est d'aucune utilité à l'Allemagne, au point de vue défensif. Mais il est une menace permanente pour la France et ne fait pas, comme Strasbourg, partie intégrale du système de défense de l'empire allemand. L'opinion dans les deux pays s'est occupée dernièrement de cette question. Or, pour ceux qui savent, qui dirigent souvent l'opinion publique en France et en Allemagne, cela est éminemment significatif.

Le *Daily-Graphic* et quelques autres journaux s'efforcent, il est vrai, de démontrer l'impossibilité d'un semblable mouvement. Mais le fait même de traiter la question prouve que cette question existe. En tout cas, en face de leur optimisme se dressent d'autres argumentations plus solides prouvant combien est aisée et probable une combinaison européenne anti-anglaise.

« De la proclamation officielle de la Duplice, d'aucuns voudraient conclure à un réveil de la politique antiallemande tant à Paris qu'à Pétersbourg. Il nous semble que c'est trop oublier qu'avant Félix Faure Guillaume II toastait à Péterhof. Cette cordialité de relations entre l'Allemagne et la Russie ne peut pas ne pas avoir sa répercussion dans les sphères officielles françaises. Et en rapprochant ce voyage du Kaiser de celui de François-Joseph qui, lui aussi, s'en fut à Pétersbourg, n'est-il pas plus normal de supposer un groupement officieux de l'Europe continentale ? Or, contre qui peut bien être dirigé ce mouvement ? » — (*Journ. d'Égypte.*)

Si le public français était moins préoccupé des procès panamistes et des mille futilités qui se rattachent à ces encombrantes questions, il aurait été frappé de cette dépêche que l'Agence Havas publiait, lors du dernier passage de Nicolas II en Allemagne.

Au cours d'une entrevue à Wiesbaden, l'Empereur d'Allemagne et le Tzar discutèrent une action commune pour le règlement de la question d'Égypte.

Cette dépêche n'est « sensationnelle » que pour les simples qu'on a convaincus que le sort de l'Égypte était entre les mains du consul anglais et des nombreux agents qu'il dirige d'une main sûre.

La nouvelle — vraie ou fausse — qu'elle contient, est l'écho d'une préoccupation générale constante.

Ce n'est pas seulement à titre d'alliée et pour rendre un service signalé à l'amie de cœur que la Russie prendrait fait et cause pour la France dans la querelle égyptienne et lui chercherait les auxiliaires les plus inattendus. La Russie, en cette affaire, comme en beaucoup d'autres, mettrait d'accord ses intérêts particuliers avec ses sentiments les plus chers.

Jusqu'à ces dernières années elle a semblé se tenir en dehors des compétitions africaines, mais elle est bien résolue à ne jamais abandonner les droits protecteurs qu'elle étend, depuis le traité de Karmadji, sur les chrétiens d'Orient qui gémissent sous le joug de la Porte.

Depuis peu ses regards se sont portés sur l'Église chrétienne d'Abyssinie, séparée par les espaces, voilà bientôt quatorze siècles, du monde chrétien. Elle aspire à l'unifier à l'Église orthodoxe, comme les missionnaires catholiques espèrent, de leur côté, la rapprocher de Rome.

La Russie ne désavoue aucun de ses enfants qui s'efforcent, par des moyens plus ou moins opportuns, d'augmenter son influence dans ces contrées. Elle a étendu sa main maternelle et secourable, même sur ce faux Cosaque Atchinoff, dont l'expédition aventureuse faillit brouiller la France avec la Russie. Qui ne se souvient que les compagnons d'Atchinoff, réfugiés à Sagallo, territoire français, furent mitraillés par une escadre française, obéissant à des ordres maladroits? Quoique Atchinoff eût agi sans ordre et sans direction supérieure, quoique sa conduite eût été pour le moins compromettante, le gouvernement de St-Pétersbourg s'empressa de protester avec véhémence contre les procédés un peu hâtifs dont on avait usé à son égard. Si la Russie n'a pas hésité à mettre le marché à la main de son amie, de son alliée du lendemain, quand il s'est agi de la tutelle d'un de ses nationaux en Abyssinie qui fait partie du bassin du Nil, comment cette même Russie tolérerait-elle la prédominance de l'Angleterre dans cette région, puisque cette prédominance serait un danger perpétuel pour la sécurité de ses coreligionnaires et pour son influence politique?

D'ailleurs, l'expédition désordonnée d'Atchinoff a été suivie de missions russes, les unes officielles, les autres officieuses, qui toutes ont créé au gouvernement du Tzar des droits certains et surtout des devoirs qu'il tiendra à honneur de remplir jusqu'au bout. De 1893 à 1894, M. Maschkow, actuellement consul général à Bagdad, a séjourné à la cour du Pierre le Grand d'Abyssinie et a contracté avec lui des liens d'amitié politique tout empreints de cordialité. Après M. Maschkow, une mission scientifique a été organisée, sous la conduite de M. de Léontiew.

Cette mission, comprenant, avec M. de Léontiew, le docteur Elysseeff, le capitaine Zwiaghine et le père Zéphraïm, était accueillie, dans le cours de janvier 1895, à Obock, par le gouverneur français, M. Lagarde, qui la conduisait à bord de la canonnière l'*Étoile*, à Djibouti, puis, l'accompagnait jusqu'au fort de Djabilié, sur la route de Harrar. Dès le 1er février, cette mission russe atteignait Harrar, où le ras Makonen et la population ont témoigné de leur vénération pour le pope Zéphraïm. On ne saurait méconnaître l'importance de cette mission, alors surtout que l'Abyssinie est entièrement dégagée, par la victoire d'Adoua, du traité frauduleux d'Ucciali et que Ménélick est maître absolu de se choisir des amis et des alliés où il lui convient. Je n'ai pas besoin d'insister sur la façon heureuse dont M. de Léontiew s'est acquitté jusqu'à présent de sa mission.

Peut-être avant qu'il soit longtemps serons-nous appelés à en apprécier les résultats pratiques. Il sait que le poste qu'il occupe dans la province équatoriale commande le cours du haut Nil et il peut se trouver, d'un instant à l'autre, en contact avec les forces envahissantes de l'usurpateur anglais. S'il sait tenir haut et ferme le drapeau qui lui est confié; s'il augmente, dans ces régions plus qu'à demi-barbares, le renom de sa patrie, il peut être sûr que la Russie ne laissera pas amoindrir son œuvre et ne permettra pas qu'il soit molesté personnellement.

La mission de M. de Léontiew n'est d'ailleurs qu'officieuse et n'engage en aucune façon la responsabilité directe de son gouvernement. Le représentant officiel de Sa Majesté, un des plus habiles diplomates russes, M. de Wlassow, assisté des meilleurs officiers russes faits avec choix sous les ordres de l'éminent colonel d'état-major Artamonoff, dont les études sur les armées européennes sont très appréciées dans le monde militaire, surveille avec beaucoup plus d'autorité, à Abdis-Abbaba, les intérêts de la Russie et il saurait, à l'heure opportune, exiger que l'Angleterre renonce à des prétentions abusives. Dès maintenant la Russie doit réclamer dès aujourd'hui, le libre passage vers le royaume de son ami noir; elle doit réclamer ce passage non en vertu d'une tolérance, mais en vertu d'un droit absolu qui est garanti à tous et à chacun par le protocole de désintéressement du 5 mai 1882.

Du reste, l'influence religieuse et politique de la Russie ne s'étend pas seulement sur la voisine méridionale de l'Égypte : l'Abyssinie. L'Angleterre sait mieux que personne que, par suite des circonstances, la situation de la Russie est devenue prépondérante en Palestine, cette patrie religieuse de tous les chrétiens et cette voisine orientale de l'Égypte.

Si elle en laisse la possession nominale à la Turquie, c'est uniquement par égard pour les autres nations chrétiennes, pour n'être point accusée de dérober aux autres adorateurs du Christ la part d'adoration à laquelle ils ont droit.

Mais aucun pèlerin de Jérusalem n'ignore que rien plus ne se fait dans cette ville et ses dépendances sans l'assentiment du Tzar, que les chrétiens de toutes les confessions y attendent tout de sa haute protection et redouteraient tout de son ressentiment.

Grâce à de pieuses et magnifiques libéralités russes, le tombeau du Christ et le lieu de sa naissance sont sans cesse enrichis des dons les plus précieux. De splendides hôpitaux, des écoles, sous le patronage de la Russie, se sont élevés dans tous les coins du pays. Une tour russe fortifiée s'est dressée sur la montagne des Oliviers, imprenable, dominant la ville sainte et la région environnante jusqu'au delà de Jéricho, jusqu'aux confins de la mer Morte, capable de foudroyer, en un clin d'œil, le téméraire qui prétendrait la gêner dans l'exercice de sa mission protectrice.

Un très grand nombre des sujets du Tzar se sentent si bien chez eux, en Palestine, qu'ils y ont fixé leur demeure pour être plus près des mystères de leur foi naïve, espérant aussi que leur réveil sonnera là plus tôt qu'ailleurs, au jour de la résurrection. En attendant, ils se sentent vivre heureux à l'ombre du drapeau de leur patrie terrestre. Faudra-t-il que tant de respectables croyances soient anéanties, que tant de pieuses espérances soient détruites, parce que l'Angleterre, campée dans la forteresse égyptienne, menacera, à tout instant, la tranquillité de ces chrétiens confiants dans la tutélaire protection de leur Tzar? La présence des Anglais dans l'île de Chypre, si bizarrement escroquée à la suite des victoires remportées par la Russie dans les Balkans, en 1877, est déjà une menace contre la paisible jouissance des droits acquis par les orthodoxes en Terre Sainte; le maintien de l'armée britannique en Égypte serait une insulte. La Russie, pour se garder d'une nouvelle usurpation de ce côté, serait obligée d'entretenir, elle aussi, dans la presqu'île du Sinaï, une armée qui garderait les avenues des rives du Jourdain. L'Angleterre a-t-elle l'intention, à force de provocations, de nous contraindre à cette extrémité qui serait le signal du dépècement de tout l'empire ottoman?

Et puis, en dehors des droits qui sont conférés à la

Russie et des devoirs qu'elle a contractés par le patronage des chrétiens en Orient, il y a une autre raison dominante qui lui interdit formellement de se désintéresser de la solution de la question égyptienne. C'est que sa clientèle musulmane est très nombreuse et que les territoires musulmans dont elle s'est emparée, par la persuasion ou par la conquête, sont extrêmement vastes. Ils embrassent une partie de l'Arménie caucasienne et l'immense Turkestan avec Samarkand, l'ancienne capitale de Tamerlan, les khanats de Khiva, de Taschkendt, de Boukhara et de Merv, c'est-à-dire la Sogdiane et la Bactriane des Anciens; ses domaines s'étendent jusqu'au toit du monde, aux plateaux du Pamir d'où une armée, longuement exercée, n'attend qu'un signal pour se précipiter, d'un bond, vers les riches plaines de l'Indus; c'est là que plus de 50 millions de musulmans gémissent sous la tyrannie anglaise.

En s'annexant leurs territoires, en acceptant pour sujets immédiats d'innombrables sectateurs de Mahomet, la Russie respecte leurs croyances dans leur intégrité; elle épouse en même temps leurs intérêts matériels et moraux, et il y va de son honneur que la confiance placée sur elle et sur sa parole ne soit pas déçue.

Parmi les intérêts moraux les plus chers aux musulmans de n'importe quelle race, la parfaite indépendance des villes saintes doit être rangée en première ligne. Or, le Caire est une ville sainte musulmane; plus même qu'une ville sainte, une ville où se fabriquent les saints. La grande école des marabouts, l'Université El-Azar, se trouve, en effet, au Caire. Elle compte plus de 10,000 étudiants auxquels on enseigne la théologie islamique. Ces étudiants viennent de tous les points du monde, beaucoup des possessions russes. La protection du Tzar s'étend sur ces jeunes gens comme sur chacun de ses sujets. Comment pourrait-il l'exercer, avec efficacité, si son représentant ne se sentait pas chez lui au Caire ou, tout au moins, en pays neutre ?

Quand ils ont fini leurs études, ces jeunes gens sont dirigés vers les quatre coins de l'univers musulman pour y entretenir la flamme sacrée, opérer, s'ils le peuvent, de nouvelles conversions, répandre ce qu'ils estiment la bonne doctrine; en tout cas, satisfaire aux besoins religieux des vieux croyants.

Comment ces hommes rempliraient-ils leur mission si leurs professeurs n'étaient plus libres de leur donner l'enseignement professionnel ou si cet enseignement était vicié, dans sa source, par l'ingérence anglaise?

L'Université El-Azar est l'un des grands ressorts, peut-être le principal ressort de la religion musulmane. Qui ne sent que ce ressort serait brisé ou faussé, le jour où l'Angleterre pourrait le faire jouer sans encourir de reponsabilités?

Elle n'a pas encore osé toucher à cette institution ; mais qu'on lui lâche encore la bride, et chaque professeur de théologie musulmane sera bientôt doublé, lui aussi, d'un conseiller anglais, comme un ministre égyptien ou comme un simple *moudir*. Ces conseillers seront vraisemblablement des clergymen qu'on n'aura pu pourvoir de cures rémunératrices dans la métropole, voire même des évêques anglicans *in partibus*. Ils n'hésiteront pas, d'une part, à convenir avec les séminaristes mahométans que Mahomet est un vrai prophète ; d'autre part, ils leur enseigneront que l'Angleterre est la grande nation, la seule, l'unique ; et que si le premier devoir d'un bon marabout est de professer que la mission de Mahomet fut une mission divine, leur second devoir est d'apprendre aux peuples primitifs que l'Angleterre est l'ombre d'Allah, le bras de Dieu ; que tous les hommes, tôt ou tard, devront subir sa domination. Et ces missionnaires, ainsi stylés, iront ensuite perturber les sentiments de fidélité des Algériens, des Khiviens, des Bockariens, des Africains encore plus naïfs qui obéissent aux Allemands, aux Belges, aux Portugais.

En bonne conscience, un gouvernement soucieux de l'avenir de ses peuples, peut-il supporter qu'une pareille propagande soit faite dans une partie de ses États ? n'est-il pas mille fois autorisé à couper court d'avance à toute possibilité d'une aussi détestable conjuration ? La France et la Russie sont, avant tout, évidemment, des Puissances chrétiennes, mais avec d'importantes annexes musulmanes qui grandissent et se développent tous les jours.

Tant que la liberté des cultes sera garantie à tous les

hommes, en vertu de la loi naturelle et aussi en vertu des traités qui ont suivi la conquête, la France et la Russie devront d'ailleurs à leurs sujets de toute croyance de préserver leur foi de tout mélange et de toute corruption.

Le Caire étant une capitale religieuse musulmane, il faut que le Caire reste à l'abri de toute sujétion politique étrangère ; son droit de rester indépendante est de même nature que le droit de Bénarès, capitale du brahmanisme. Les Anglais, maîtres de toute l'Inde, n'ont pas osé porter une main sacrilège sur Bénarès. Pourquoi souilleraient-ils le Caire?

La Russie, pas plus que la France, ne peut donc, au nom de ses intérêts immédiats et directs, souffrir que l'Angleterre persiste à détenir plus longtemps l'Égypte, point de jonction de toutes les routes commerciales de l'univers et centre religieux de l'islamisme. Ni l'une ni l'autre ne sauraient non plus tolérer qu'à l'administration directe de la Reine, les hommes d'État anglais substituent une de ces Compagnies à charte qui réalisent une prise de possession déguisée et qui commettent, un peu partout, tant de déprédations, sous le couvert d'une hypocrite irresponsabilité.

Il paraît qu'il en a été question dernièrement à Londres.

Déjà, la France et la Russie ont dû protester officiellement contre le décret du 25 juin 1897 qui constitue un monopole de l'ivoire, des plumes d'autruche et de la gomme au Soudan.

Cette protestation était basée sur les traités intervenus entre les puissances et la Turquie, qui interdisent les monopoles en Égypte, sauf ceux du sel, du natron, de la poudre et plus tard du tabac.

A ce sujet, *le Temps*, de Paris, avait publié la dépêche suivante du Caire :

La protestation officielle de la France et de la Russie contre le décret anglo-égyptien du 24 juin 1897 sur les monopoles du Soudan, va donner lieu à un débat au sein de la Commission de la Dette, laquelle se trouve dépouillée, du chef de ce monopole, des revenus éventuels des territoires soudanais réoccupés par l'Égypte.

« L'auteur de cette dépêche ne s'est pas rendu compte de la situation, fait observer à ce sujet mon excellent confrère, M. Émile Barrière, des droits et des devoirs très distincts qui incombent d'une part aux agents diplomatiques accrédités en Égypte et d'autre part aux Commissaires-Directeurs de la Caisse de la Dette publique.

« Les monopoles ne violent jusqu'à présent que des conventions internationales dont la surveillance incombe exclusivement aux représentants des Puissances.

« Les membres de la Caisse de la Dette ont à s'assurer que tous les revenus de l'État rentrent dans les caisses publiques; le mode de perception leur échappe. Ils n'auraient à intervenir dans la question des monopoles que si ce système, d'ailleurs déplorable, d'exploitation des ressources du khédiviat, avait pour résultat de détourner une parcelle des revenus du Trésor égyptien. Jusqu'à preuve du contraire, ils sont tenus à repousser, ne serait-ce que par courtoisie, la pensée que les gérants de la fortune publique puissent méditer un aussi grave accroc aux accords financiers qui président à la gestion des deniers publics. Il ne saurait donc être question, en l'état, « d'un débat au sein de la Commission de la Dette », touchant les monopoles, malgré l'établissement d'une ligne de douanes à Wadi-Halfa et à Souakim, mesure qui a pour objet de maintenir le blocus rigoureux qui, depuis 1885, a ruiné le commerce égyptien et réduit à la famine les populations soudanaises.

« Mais si les monopoles échappent, jusqu'à nouvel incident, sinon à l'attention, du moins à l'action de la Caisse de la Dette, ils imposent aux représentants des Puissances, des devoirs rigoureux. » *(Journal Égyptien)*.

Les Puissances elles-mêmes, à défaut de leurs représentants, seront à la hauteur de ces devoirs.

En reproduisant, au début de ce chapitre, la dépêche sensationnelle de Wiesbaden, nous avons fait quelques réserves sur son authenticité.

Mais authentique ou non, si elle est inexacte aujourd'hui, elle sera vraie demain, dans six mois, dans un an; dès à présent, la cause de l'Égypte a été entendue et jugée par ce tribunal dont les arrêts sont sans appel : *l'opinion publique*. « Et l'opinion n'a tenu compte en l'occurrence que de ses intérêts; c'est au nom du commerce, de l'industrie, de l'influence nécessaire du vieux continent dans les plus lointains parages que la question a été *internationalisée* et que justice sera faite. »

J'ai sous les yeux un livre qui fit beaucoup de bruit au moment où il fut publié et distribué par la Société d'encouragement, de l'Industrie et du Commerce russes, à tous ses membres et qui a résumé, longtemps à l'avance, la question égyptienne telle qu'elle se présente aujourd'hui. L'auteur, M. K. de Skalkowski, avait représenté la Russie à l'inauguration du canal de Suez, et il s'est attaché dans son ouvrage à faire ressortir l'extrême importance de cette nouvelle voie de communication, pour tout le monde en général, et plus particulièrement pour la Russie. Avec une clairvoyance rare, il a vu, dans l'avenir, le commerce des peuples triplé et même décuplé par le transit du canal et la politique commerciale remplaçant, dans les préoccupations des gouvernements, la politique territoriale. Mais suivant M. de Skalkowski, l'Angleterre ne peut ni ne doit être la seule bénéficiaire de cette politique. La France et la Russie doivent lutter avec elle d'activité, et si ces deux Puissances ne suffisent pas à contrebalancer la force expansive de l'Angleterre, la force des choses contraindra une troisième Puissance à unir ses efforts aux efforts des deux premières, et à oublier, dans ce but, toutes ses rancunes et toutes ses haines.

Il est difficile de mieux montrer à l'Allemagne où sont ses véritables intérêts et on ne saurait trop louer l'éminent écrivain de sa perspicacité.

CHAPITRE VIII

L'Allemagne et l'Égypte.

Cet ouvrage étant une étude impartiale et complète de la question égyptienne, je n'ai pas à me préoccuper des raisons sentimentales qui semblent militer contre tout projet d'entente entre les deux grandes Puissances militaires de l'Europe occidentale. D'autre part, je me garderai bien de heurter de front les regrets plus que respectables qui oppressent encore les cœurs français au souvenir des provinces arrachées à la mère-patrie. Je n'irai point surtout, comme certains sceptiques, prétendre que la France de 1900 incline à oublier le passé et à accepter philosophiquement les faits accomplis, pour se livrer à des spéculations moins abstraites et à des calculs plus positifs que ceux qui auraient pour objet une guerre de revanche. Je suis convaincu, au contraire, que les souvenirs de l'année terrible sont encore bien vivants au cœur de la nouvelle génération et que les jeunes gens d'aujourd'hui attendent impatiemment l'occasion de venger leurs aînés.

Cependant en dehors, sinon au-dessus des questions d'amour-propre national, s'agitent des intérêts d'un autre ordre mais aussi pressants, dont l'équitable solution s'impose impérieusement. Pour accomplir une œuvre de justice qui doit mettre le commerce et aussi l'honneur français à l'abri de la rapacité et des insultes d'une Puissance sans scrupules, il peut se faire que le concours de tous *indistinctement* devienne nécessaire. En repousser un seul *a priori* et de parti pris, en fondant ses répugnances sur le prétexte qu'aucune entente, sur aucun sujet, n'est possible entre les deux nations tant que les vieilles querelles n'auront pas été vidées, ce serait, à mon sens, commettre une insigne maladresse.

L'histoire est pleine d'alliances imprévues, commandées par des circonstances particulières, et l'on a vu souvent les ennemis les plus déterminés combattre côte à côte sur un point déterminé du monde, sans rien abandonner de leurs antipathies, sans déserter surtout les causes sacrées qui les tiennent par ailleurs séparés.

Et, par exemple, puisque je traite ici une question orientale, n'est-il pas vrai de dire que la France de François Ier, en passant avec la Turquie de Soliman un traité d'alliance contre l'envahissant Charles-Quint, n'abandonna aucune de ses prétentions sur les Lieux Saints; qu'elle trouva, au contraire, dans cette alliance, une nouvelle occasion de les affirmer et de les renforcer?

A mon avis, l'admission de l'Allemagne dans le concert franco-russe pour le règlement des affaires d'Égypte, serait d'une sage politique, et nul doute que ce *consortium* n'aurait pour effet de préparer, dans un avenir plus ou moins rapproché, la rectification des frontières de l'Est.

En acceptant, en provoquant même ce *consortium*, la France ne ferait, d'ailleurs, que reprendre la politique inaugurée en 1882.

Quand M. de Freycinet fit, à cette date, appel aux Puissances européennes pour discuter l'avenir de l'Égypte, l'Allemagne fit naturellement partie de l'aréopage ; si M. de Bismark écouta plus alors sa haine de sectaire que l'intérêt bien entendu de son pays, il n'en demeure pas moins acquis que, ce jour-là, l'Allemagne prit position officiellement dans la question et qu'elle eut à y débattre les intérêts qui lui sont propres et les intérêts internationaux.

Depuis lors, ses intérêts propres ont grandi dans des proportions que tout le monde peut apprécier, puisque le nombre de ses navires qui franchissent le canal de Suez dépasse annuellement celui des navires français et arrive immédiatement après celui des anglais.

En décomposant par pavillons le transit du canal de Suez pour 1893 on trouve, en effet, 2,405 navires anglais, 272 allemands, 190 français, 178 néerlandais, 67 italiens, 71 austro-hongrois, 50 norvégiens, 31 ottomans, 29 espagnols, 25 russes, 10 portugais, 5 égyptiens, 3 américains, 1 japonais, 1 belge, 1 brésilien.

La concurrence commerciale que l'Allemagne fait

maintenant à l'Angleterre sur toutes les mers est la plus redoutable que cette nation de marchands ait encore subie, et il ne paraît point que les sujets de Guillaume II soient disposés à s'arrêter dans cette voie. Ils se souviennent qu'ils sont les héritiers des villes hanséatiques et, comme leurs devanciers, ils ont le ferme désir d'attirer vers eux le plus possible des profits que procure le négoce maritime.

Les Allemands n'auraient-ils donc que cette raison commerciale, qu'ils ne pourraient se désintéresser de l'Égypte qui est le passage de toutes les marchandises du monde.

« Les intérêts commerciaux que l'Allemagne possède en Égypte, écrivait récemment un Allemand résidant au Caire, sont importants, et le capital que l'Allemagne a placé en papiers égyptiens ou dans les entreprises égyptiennes vient immédiatement après celui de l'Angleterre et de la France.

« Les autres pays ont déjà compris quel danger constituerait pour eux une Égypte qui serait aux mains de l'Angleterre, tandis que l'Allemagne n'a pas encore su s'en rendre compte et qu'elle favorise la politique anglaise. Il serait temps pourtant que notre politique se modifiât et qu'elle entrât dans des voies nouvelles... Il est profondément regrettable que l'opinion publique en Allemagne soit si peu au courant de l'état véritable des choses en Égypte. Que l'on consulte sur la question d'Égypte nos explorateurs africains, nos fonctionnaires au service du gouvernement égyptien ou bien nos marchands, on n'entendra pas une seule voix se prononcer en faveur de la politique suivie jusqu'à présent par l'Allemagne en ce qui concerne l'Égypte. »

Il convient manifestement de faire quelques réserves au sujet des appréciations de cet écrivain allemand. Le gouvernement de Berlin est certainement préoccupé de la solution de la question égyptienne, et de récentes paroles de l'Empereur prouvent qu'on le trouverait prêt à agir vigoureusement de ce côté dans le sens de l'équité. Il serait même suivi dans cette voie par son peuple tout entier qui a compris, lui aussi, l'importance de la question égyptienne et qui accepterait, assure-t-on, la rétrocession de Metz pour être assuré, dans l'avenir, de la neutralité effective du canal de Suez.

On a voulu voir, dans la visite que le prince Henri de Prusse vient de faire à la Reine d'Angleterre, sa grand'mère, une tentative de rapprochement entre l'Angleterre et l'Allemagne. Mais comme le prince Henri de Prusse s'en va commander dans les eaux chinoises une escadre allemande qui a précisément pour mission de contrecarrer les intérêts anglais dans ces parages, il serait puéril de confondre un acte de déférence filiale avec un acte politique ayant une portée quelconque.

A ce sujet, un journal russe envisageait l'éventualité d'une alliance anglo-allemande, et, tout en la reconnaissant comme momentanément réalisable, il concluait qu'elle serait fatalement éphémère.

Un état de choses connu, qui est une concurrence commerciale acharnée et croissante, a, dès maintenant, infligé à l'Angleterre une infériorité indiscutable dont ses statistiques lui révèlent la gravité et qu'elle ne pardonnera jamais à sa rivale. Voilà pour la situation générale, laquelle, — le fait est démontré, — ne fait qu'empirer chaque jour pour l'Angleterre. C'est sa vie, c'est son âme que l'on attaque lorsque l'on nuit à son commerce; le gouvernement anglais s'émeut en ce moment beaucoup de cette évolution qui menace le pays, et le commerce anglais à qui toutes ces questions sont familières. le peuple anglais qui les apprécie pour leur réelle importance, sont avec le gouvernement.

La réciprocité, au point de vue gouvernemental et populaire, existe en Allemagne ; et nous ne voyons pas dans l'histoire, d'exemple de deux peuples qui se soient rapprochés, lorsque, d'un côté, gouvernés et gouvernants sont d'accord dans un même sentiment de désaffection. — nous pourrions, dans le cas présent, dire : de haine violente, — contre un autre peuple; et que cet autre les paie de la même monnaie.

Maintenant, en dehors de cette situation au point de vue général, en dehors de ce fond de désaccord créé par l'état d'âme qui règne en Angleterre et en Allemagne, il existe des questions de détail qui ont froissé l'amour-propre des Allemands et écorché l'orgueil des Anglais.

deux sentiments développés à leur suprême puissance chez les uns et les autres.

Le premier incident qui a heurté les deux races saxonnes a été l'intervention de l'Empereur Guillaume dans l'affaire du Transvaal.

Les intérêts qui ont poussé la Grande-Bretagne à attaquer le Transvaal et incité l'Empereur d'Allemagne à le défendre n'ont pas changé, et ce conflit auquel ce choc a donné naissance n'est qu'assoupi. Il se manifeste, dans la presse anglaise, des signes non équivoques d'une reprise de l'action anglaise, dans laquelle cette même presse engage déjà le combat « en tirailleurs ».

Sans chercher pour le moment les autres points en Afrique où se heurtent les intérêts de l'Allemagne et de l'Angleterre, — et ils sont nombreux, — celui-là seul crée, entre ces deux nations rivales, une impossibilité de rapprochement. Et il est à remarquer que, loin d'avoir un seul intérêt commun ou même simplement similaire, si petit fût-il, sur un point du globe quelconque, il n'existe entre elles que des intérêts antagonistes, soit commerciaux, soit territoriaux, et, par conséquent, politiques.

Aussi, au moment même où va se rouvrir, selon toutes probabilités, le conflit transvaalien, une entente anglo-allemande paraît-elle être de toutes les contingences possibles la moins probable de toutes. Parmi les raisons sur lesquelles la *Novoïé Vremia* s'appuie pour justifier sa crainte, figure le calcul par lequel l'Empereur

Guillaume s'appuierait sur l'Angleterre pour maintenir l'Allemagne dans son rôle d'arbitre de l'Europe.

Cette préoccupation d'un amoindrissement de l'Allemagne peut hanter le cerveau de Guillaume II, mais il ne traversera pas la Manche pour aller chercher un point d'appui dont il n'a point besoin. Ses soucis se portent ailleurs, et particulièrement sur l'augmentation de sa flotte, autre cause d'un grief de plus, qui n'est pas fait pour faciliter un rapprochement entre les deux rivaux. Et puis, enfin, ce qui n'a l'air de rien et qui est beaucoup: c'est que les presses des deux pays ont trop surchauffé, chacune de leur côté, l'irritation populaire pour que l'un des deux pays s'inflige la petite humiliation de faire les premiers pas. Et nous ne voyons en Europe, personne qui soit intéressé à se poser en honnête courtier d'un rapprochement.

De la conduite de Guillaume II à Constantinople, à l'occasion de la guerre gréco-turque, on peut déduire qu'il n'admettra pas un règlement de la question d'Orient au profit de la Grande-Bretagne — de la question d'Orient, dont celle d'Égypte est solidaire.

Jusqu'à présent je n'ai fait valoir, en faveur de la coopération possible de l'Allemagne avec la France et la Russie, pour le règlement de la question égyptienne, que les raisons d'à-côté. Les raisons immédiates que peut invoquer l'empire allemand, pour juger insupportable la domination exclusive de l'Angleterre sur la vallée du Nil, sont autrement concluantes.

L'Allemagne est devenue, en effet, une Puissance coloniale africaine qui est loin d'être négligeable dans le présent et qui tend à devenir fort considérable dans l'avenir.

« A mesure que ses possessions de l'Est africain se développeront, l'attention de ses armateurs et de ses négociants devra se porter davantage sur la situation de l'Égypte, à cause de Suez, et le jour où la puissance du mahdisme tombera, il ne pourra pas être indifférent à l'Allemagne plus qu'à la France que le Soudan égyptien redevienne une partie de l'Égypte, parce que le commerce considérable engagé par Souakim ou par Assoua avec le Soudan, sera un débouché important pour les négociants allemands comme pour les négociants français, tandis que, si ces Puissances laissaient l'Angleterre s'attribuer ces régions, celle-ci s'efforcerait, comme sur le Niger et la Bénoué, comme dans l'Ouganda et dans l'Afrique du Sud, d'en interdire l'accès aux négociants français et allemands.

« Il ne paraît pas que la convention anglo-allemande de juillet 1890 qui échangea Héligoland contre Zanzibar ait en rien interdit à l'Allemagne de veiller à l'intégrité de l'empire égyptien, puisqu'il y est dit seulement que la sphère d'influence anglaise s'étendra sur la rive droite du Nil *jusqu'aux confins de l'Égypte*, et son intérêt est trop certain, trop identique dans ces régions avec celui de la France, pour que sa politique ne soutienne pas et ne fasse pas prévaloir les mêmes droits. »

Nous savons bien que par *confins de l'Égypte*, l'Angleterre entend et voudrait faire entendre toute la partie orientale de l'Afrique, c'est-à-dire une langue de terre de 6,000 kilomètres et plus de longueur.

Quand je traiterai, dans un chapitre spécial, la question du Soudan égyptien, je n'aurai pas de peine à démontrer l'absurdité de cette prétention. Je ne m'en occupe ici qu'au point de vue des intérêts allemands. Or, il est bien certain que s'il est une Puissance au monde dont les intérêts seraient outrageusement violentés par la réalisation du programme de sir Cecil Rhodes : « Du Cap au Caire », c'est l'Allemagne dont les légitimes possessions barrent la route convoitée sur une largeur et une profondeur de plusieurs centaines de kilomètres.

En rendant compte des progrès du chemin de fer que l'on construit le long de la vallée du Nil, le *Daily Graphic* s'écrie triomphalement :

Le cri du Cap au Caire, qui paraissait un rêve il y a dix ans, est en train de devenir une réalité. Le chemin de fer du Nil atteindra bientôt Abou-Hamed. De là, le Nil est navigable jusqu'à Albert Nianza.

Viennent ensuite les longs lacs de Tanganyka et de Nyassa, de sorte qu'il ne reste en réalité à parfaire que 700 ou 800 milles environ. Malheureusement, ajoute ce journal, il y a encore des difficultés. Les derviches sont encore à Omdurman, et l'Allemagne ferme encore la route entre l'Uganda et le lac Tanganyka. Mais on est en train d'écarter l'un des deux obstacles et peut-être arrivera-t-on à force de patience à écarter l'autre.

Cette seconde difficulté est probablement plus grave que ne le redoute le journal de Londres. L'Angleterre projette de se servir du lac Tanganika et du lac Nyassa, comme si le droit de navigation lui appartenait. Passent encore ses prétentions sur le Nyassa, dont une des deux marges est à elle, l'autre étant la propriété d'un petit pays, le Portugal, que l'Angleterre se gênera d'autant moins pour molester que, derrière les têtes britanniques, habite depuis longtemps la pensée de s'emparer, à la première occasion, du littoral portugais sur l'Océan Indien.

Sur le territoire Nyassa, donc, elle a un certain droit de mitoyenneté dont on peut s'attendre qu'elle se servira dans la plus large et la plus abusive mesure.

Mais il n'en est pas de même au Tanganika, sur la côte Sud duquel elle possède un insignifiant point de contact, et dont les deux plus longs côtés, d'une longueur de 500 kilomètres environ, appartiennent : l'un, à l'État du Congo, dont l'immunité est garantie par l'Acte de Berlin, l'autre, à l'Allemagne, dont les dispositions conciliantes à l'égard de la Grande-Bretagne peuvent être considérées comme plus que douteuses.

Ou nous nous trompons fort sur le caractère pourtant bien connu de Guillaume II, ou l'Empereur allemand considérerait la violation de sa colonie africaine comme une atteinte portée à l'intégrité de l'empire, plus dangereuse pour l'avenir de son peuple et plus attentatoire à sa dignité qu'un empiétement sur quelques villages ou même quelques villes lorraines. La Lorraine, c'est un trophée de victoire; ce n'est pas un pays de peuplement, puisqu'il regorge d'habitants. L'Hinterland, c'est l'espace vaste et fertile qui sert de déversoir au trop-plein de la population germanique allant continuer la patrie sous un autre soleil. La Lorraine, c'est souvent un embarras; l'Hinterland, c'est une nécessité.

Il faut donc que l'Angleterre en prenne son parti. Son pavillon ne flottera jamais sur le beau lac Tanganika. Elle est coupée entre le Nord et le Sud comme elle l'est, par le Tchad, entre l'Est et l'Ouest.

L'Allemagne ne se laissera jamais menacer dans sa libre navigation du Tanganika et du Nyassa, ni même dans l'expansion commerciale qu'elle pourrait se créer plus tard sur le Congo.

La France et l'Allemagne, par une entente sur les questions coloniales africaines, peuvent régler la situation en satisfaisant à la plénitude de leurs intérêts respectifs. Si elles laissaient faire, le marché africain serait, avant dix ans, tout entier accaparé par l'Angleterre, avec impossibilité de rien modifier aux résultats de cet accaparement.

L'occasion est belle. Au mois de novembre dernier, on parlait vaguement d'un acte diplomatique qui serait une conséquence de l'alliance franco-russe et qui aurait pour objet des remontrances officielles à adresser à l'Angleterre au sujet de l'occupation de l'Égypte, remontrances qui seraient appuyées par l'Allemagne avec la neutralité de l'Autriche.

Je ne sais si cet acte existe bien réellement, mais l'attitude très nette, sur cette question, du comte Mouravief prouve, du moins, que la Russie en faisant cause commune avec la France, ne se heurterait à aucune opposition de la part de l'Allemagne.

L'Angleterre est absolument isolée, et l'Europe est désormais résolue à déjouer toutes ses ruses et ses machinations et à la rappeler au respect de ses propres engagements, y compris celui que sir H. D. Wolff prenait en son nom, en 1887, et que nous trouvons reproduit dans le *Blue Book* de la même année :

Le gouvernement de sa Majesté a démenti toute intention d'annexer l'Égypte, ou d'y établir un protectorat. Plus d'une fois, on a suggéré que l'Angleterre devait prendre l'Égypte à titre permanent, mais cela aurait été la VIOLATION *de la politique traditionnelle de l'Angleterre, la* VIOLATION *de ses engagements envers le Sultan et la* VIOLATION *du droit international.*

Ce serait, en effet, bien des violations et même bien des viols pour une seule nation et dans un seul coin de terre.

Tous les gendarmes du monde sont aux aguets et l'Angleterre ne voudra pas se laisser prendre par eux en si vilaine posture.

Elle renoncera à ses projets coupables.

CHAPITRE IX

La France et l'Égypte

Si les intérêts de l'Allemagne et de la Russie sont considérables en Égypte, ceux de la France sont de premier ordre. Ils priment ceux de toutes les nations, même ceux de l'Angleterre, par leur importance, aussi bien que par leur rang de priorité. Alors même que la France renoncerait à son rôle séculaire de « soldat du droit » en Orient, il lui resterait toujours à sauvegarder en Égypte et les intérêts matériels de près de 20,000 de ses nationaux, colons industrieux, et le développement progressif de son commerce dans les mers des Indes, et la protection de ses possessions africaines, indiennes et indo-chinoises, enfin le prestige de son nom et de sa puissance aux yeux des musulmans, prestige singulièrement diminué, à l'heure actuelle.

Tous ces intérêts, tant matériels que moraux, sont minés systématiquement par l'affirmation de la suprématie anglaise sur les bords du Nil ou menacés par la présence des forces navales britanniques dans la Méditerranée.

Cette vaste mer qui fut longtemps un lac français et qui devrait l'être aujourd'hui plus qu'autrefois, puisque la France, par l'Algérie et la Tunisie, s'étend maintenant jusqu'aux tropiques, est en train de devenir un étang anglais. L'alliance de l'Angleterre avec l'Italie, ses forteresses de Gibraltar, de Malte, de Chypre lui assurent une telle prépondérance dans tous les parages qui s'étendent depuis les Dardanelles jusqu'aux colonnes d'Hercule que les autres Puissances y semblent seulement tolérées. S'ils affermissent encore leur position à Suez, les Anglais tiendront à leur complète discrétion les routes de Madagascar, de la Réunion et de Saïgon. Au moindre incident grave en Europe, la France, de par la volonté de l'Angleterre, finirait à Toulon et à Marseille.

La perte de l'empire colonial de la France et la ruine de son commerce, voilà le seul but de civilisation et de progrès que poursuit l'Angleterre et qu'elle finira par atteindre, grâce à l'apathie de l'opinion publique et grâce aussi à l'insouciance, au moins apparente, des diplomates.

L'insolence anglaise s'affirme, depuis quelque temps, avec une remarquable impudeur.

Une mission scientifique française, dont il a été beaucoup parlé, celle de M. de Beauchamp, compagnon de Bonvalot, s'est installée à Fashoda, près des sources du Nil, aidée et encouragée par Ménélick.

M. de Beauchamp y attend M. Marchand et a déployé le drapeau français sur un terrain vraiment neutre, puisque Fashoda n'a jamais fait partie même des provinces équatoriales sur lesquelles Ismaïl-Pacha émettait jadis des prétentions hypothétiques.

Mais il paraît que les Anglais nourrissaient à l'égard de Fashoda, dont ils ignoraient peut-être le nom et l'emplacement, des prétentions plus ,hypothétiques encore.

Les journaux de Londres sont entrés en fureur et c'est un concert d'imprécations qui a éclaté de l'autre côté de la Manche contre le courageux explorateur.

Si un caporal français, dit *le Times*, s'avise d'arborer n'importe où, les couleurs nationales, cet acte semble satisfaire les notions d' « occupation effective » de M. Hanotaux — quoique ce ministre définisse le même terme d'une façon beaucoup plus stricte lorsque le cas inverse se produit. Nous avons très distinctement intimé au gouvernement français que nous tenions tout procédé de ce genre — soit à Fashoda, *soit ailleurs*, dans la vallée du Haut-Nil — comme un acte d'inimitié, qui nécessiterait nos protestations les plus énergiques.

Le *Saint-James Gazette* est encore plus explicite et menace la France d'une guerre. Le *Pall-Mall Gazette* parle de chasser les Français de Fashoda à coups de pied, sans paraître se douter qu'une armée de mahdistes est interposée entre cette localité et Berber où se trouve actuellement l'armée anglaise. Enfin, le premier ministre, lord Salisbury, rappelle, dans un discours retentissant, les souvenirs de Poitiers et d'Azincourt.

Nous voudrions bien voir quelle serait l'attitude de l'Angleterre en face d'aussi impudentes provocations, et je n'hésite pas à dire que l'Europe entière commence à s'étonner de la longanimité du gouvernement français.

Et ce n'est pas assez pour l'Angleterre d'insulter et de faire insulter la France, chaque fois qu'il est question de l'Égypte ou de pays avoisinant l'Égypte. En Égypte même, elle ne perd aucune occasion de molester les citoyens français et de les évincer peu à peu de toutes les places officielles qu'ils occupaient, à la satisfaction des indigènes et du gouvernement khédivial.

M. Gaston Thomson, dans le rapport qu'il a lu, au commencement de novembre dernier, à la Chambre des députés, constate ce parti pris injurieux :

« Le nombre des fonctionnaires français au service du gouvernement égyptien qui était, dit-il, de 340 en 1882, est actuellement de 240. Il a surtout diminué aux ministères des Finances et des Travaux publics et dans l'administration des Domaines.

« Dans le premier, la réduction a été de 28 à 11 ; dans le second, de 55 à 21. Aux Domaines, le chiffre des fonctionnaires français est tombé de 58 en 1882, à 30 en 1897. Les emplois occupés par les Français dans les ministères des Affaires étrangères, de la Justice et de l'Intérieur, dans le service sanitaire et dans l'administration des Tribunaux mixtes, seraient demeurés à peu près stationnaires depuis quinze ans. Ils ont reçu une certaine augmentation dans les administrations de l'Instruction publique (12 en 1882, 25 en 1897) et des Chemins de fer et Télégraphes et à la Caisse de la Dette publique.

« La tendance des agents anglais en Égypte est incontestablement d'augmenter autant que possible l'élément britannique dans l'Administration khédiviale ; les fonctionnaires français qui prennent leur retraite sont à peu près régulièrement remplacés par des Anglais. »

Les Anglais ne tolèrent plus les Français que dans les postes scientifiques qu'aucun de leurs nationaux n'est sans doute capable d'occuper honorablement. Ils ont placé M. Laret à la tête des Musées égyptiens. L'emploi est pénible, exige un grand savoir, et il est peu rémunérateur.

Mais s'il s'agit d'une place de confiance qui soit, en même temps, lucrative, elle est retirée à un Français pour être attribuée à un Anglais. C'est ainsi que l'allocation annuelle attribuée par le gouvernement égyptien à l'Agence Havas a été supprimée à partir du 1er juillet 1897. L'Agence Reuter lui a été substituée.

Des lettres assez vives ont été échangées à ce sujet entre le correspondant de l'Agence Havas au Caire et le président du Conseil des ministres khédivial. L'Agence et le Consulat général de France au Caire qui avaient précédemment fait revenir, à diverses reprises, le gouvernement égyptien sur le projet formé depuis longtemps de supprimer cette allocation, n'ont pu, cette fois, empêcher cette mesure.

Si la France, toujours hypnotisée en face de la trouée des Vosges, suivant l'expression du général Lewal, veut bien dédaigner ces taquineries, qu'elle réfléchisse au moins que ses plus hardis soldats sont en train, depuis vingt ans, de lui édifier dans l'intérieur de l'Afrique, un empire colonial, mille fois plus vaste que l'Alsace et la Lorraine réunies, et que cet empire, à peine ébauché, est déjà l'objet des convoitises anglaises, que l'éternelle ennemie de la France cherche à occuper en Égypte et au Soudan égyptien une situation imprenable pour se jeter plus facilement sur cet empire qu'elle convoite.

La France veut-elle renouveler au xxᵉ siècle, dans le Continent noir, la triste aventure dont elle a été la victime aux Indes, au xviiiᵉ siècle? C'est la France, ce sont ses héros généreux, Dupleix, La Bourdonnaye, Lally-Tollendal qui avaient anéanti la puissance mystérieuse du Grand Mogol et qui avaient attiré dans les rayons du soleil français les innombrables populations hindoues que ni les Romains, ni Alexandre de Macédoine n'avaient pu soumettre; ce sont les Anglais qui, à force de fourberies et de coups de force déloyaux, ont bénéficié et bénéficient encore des conquêtes du génie français. La lecture quotidienne des journaux de Londres établit surabondamment que l'intention formelle du gouvernement anglais est d'agir avec le même sans façon à l'égard des conquêtes africaines de la France moderne.

S'il est, par exemple, un fleuve qu'on doive, avec justice, qualifier « fleuve français », c'est assurément le

Niger, une des plus belles voies navigables qui existent sur la surface de la terre. Qu'on se reporte à quarante années seulement en arrière; à peine si l'embouchure de ce fleuve avait été explorée par quelques marchands d'esclaves. Il a fallu l'incroyable audace d'obscurs officiers de la marine française pour oser en remonter le cours, au milieu de peuplades hostiles ou défiantes, pour franchir ses rapides, pour s'avancer d'abord jusqu'à Bamakou, ensuite jusqu'à cette fabuleuse Tombouctou qu'on rangeait, il y a dix ans, au nombre des cités écloses dans l'imagination des conteurs arabes; puis Tombouctou occupée, il a fallu doubler le coude énorme que fait, vers l'Équateur, l'immense cours d'eau, traverser, en pays totalement inconnu, plus de trois mille kilomètres et aboutir enfin aux environs du lac Tchad où il prend sa source.

Certes, si jamais parmi les hommes, le droit du premier occupant sur une terre vierge a été le plus sacré et le plus irréfutable des droits, alors surtout que l'occupation a été opérée au prix de mille dangers et au péril de la vie, le droit de la France sur le bassin du Niger est au-dessus de toute contestation. Cependant les Anglais, qui seraient bien embarrassés de montrer le cadavre d'un seul des leurs étendu dans cette riche contrée, ont l'impertinence de prétendre à sa possession.

Au-dessous de Say, dit le *Morning Post*, les deux rives du Niger nous appartiennent. Si donc la France veut la guerre, rien n'est plus facile.

Elle n'a simplement qu'à insister sur les revendications mal fondées.

Il faut que l'on sache que les droits de l'Angleterre ne peuvent pas être impunément violés : l'existence de l'empire en dépend. Nous avons indiqué clairement quels étaient nos droits : la diplomatie donne à la France le moyen de reconnaitre ces droits ; *s'il arrive que nous ayons à affirmer ces droits par la force,* la question ne sera pas vidée dans l'hinterland de nos possessions africaines, mais dans la Manche et dans la Méditerranée.

La guerre avec la France signifie évidemment la destruction de l'une ou de l'autre des deux marines.

Le *Morning Post* ne se borne pas, d'ailleurs, à prêcher une guerre injuste, il va jusqu'à conseiller un acte de piraterie.

Dans une guerre navale, dit-il, l'initiative est pour moitié dans la victoire.

L'alerte a été donnée.

A l'Amirauté, aussi bien qu'au ministère de la Guerre, on a certainement pris des mesures.

En d'autres termes, le journal anglais rappelle à son gouvernement qu'en 1763 les flottes anglaises n'attendirent pas la déclaration de guerre pour courir sus à tous les vaisseaux français isolés. Cette violation du droit des gens a réussi une fois ; pourquoi ne réussirait-elle pas une seconde fois ?

Il est facile, du reste, de se rendre compte de l'effet galvanique que peut produire la lecture de tels entrefilets sur les officiers anglais qui opèrent des patrouilles, au pas accéléré, dans les hinterlands que l'Angleterre prétend être siens. Il n'est pas un seul d'entre eux qui ne rêve des lauriers de Cecil Rhodes et de Jameson, et, après cela, ne brûle d'en venir aux mains avec « l'ennemi » qu'on lui désigne, pour lui courir sus.

L'Égyptian Gazette, organe officiel de l'usurpation anglaise en Égypte, est plus écouté que le *Morning Post*.

Une armée coloniale, dit-il, sous les ordres du major Lugard, un homme bien connu *pour ne pas supporter une insolence*, chassera tous les violateurs de frontières. Le major est officiellement chargé d'occuper et d'étendre les hinterlands, de manière que les derniers morceaux encore libres du Continent noir aient un propriétaire. C'est là un état de choses vivement désirable. Ce serait aussi une bénédiction opposée à l'*hypocrisie* de la France ; cela mettrait fin à la manie qu'ont les Français d'explorer sans coloniser, et répondrait à leurs dernières prises de possession. Il y a encore pour le major Lugard, dans la voie d'extension de l'empire, assez de place sans empiéter sur la marche en avant de M. Cecil Rhodes ou de sir Herbert Kitchener.

Que la France s'attende donc, un jour ou l'autre, à apprendre qu'un ou plusieurs des héros qu'elle essaime, sans compter, à travers les halliers africains, ont été lâchement et traîtreusement assassinés ; non plus cette fois comme Morès, par des saltabadils touaregs qui exécutent, pour quelques piastres, les plus déshonorantes besognes, mais par des soldats prétendus civilisés, à casaque rouge. La France attend-elle que ce sang noble ait ainsi coulé pour s'émouvoir ?

C'est évidemment l'affaire de la France plus que de la Russie. Je ne puis cependant m'empêcher de faire observer que le reproche adressé par l'*Egyptian Gazette* aux explorateurs français « d'explorer sans coloniser » est absolument controuvé. Pas un voyageur français ne traverse un pays neuf sans passer avec le chef nègre un traité d'amitié et de protection. On pourrait même reprocher aux Français d'abuser de cette formalité, alors que leurs rivaux se contentent, en mettant les pieds dans une contrée où ils n'ont point encore pénétré, d'y planter leur drapeau et de se déclarer maîtres absolus du sol et des hommes, sans plus se soucier des droits des indigènes ni même des droits des Européens qui les ont quelquefois précédés.

La France, follement généreuse, — et cette généreuse folie est son plus beau titre de gloire, — explore comme elle combat, pour l'Idée. Elle s'expose à tous les sacrifices pour appeler une portion de l'humanité au bonheur par la civilisation et à l'affranchissement par le christianisme, mais il est visible qu'elle n'a pas en Afrique de visées intéressées. C'est parce que l'Europe en est persuadée qu'elle lui témoigne et lui témoignera ses plus ardentes sympathies dans sa lutte contre l'Angleterre dont les visées et les ambitions sont tout autres.

Ce rôle glorieux, la France ne l'a pas choisi, il résulte des traditions, des instincts de sa race; le calcul n'y est pour rien; si bien que lorsque le pays, frappé par des revers, veut se reprendre et « s'assagir » en s'armant d'indifférence pour les malheurs d'autrui, un cri de détresse, poussé par une victime quelconque, suffit à faire bondir tous les cœurs et oublier les plus fermes propos de prudent égoïsme.

La France doit poursuivre de nos jours la mission

auguste qu'une politique maladroite lui a fait perdre de vue. Elle doit reprendre l'œuvre rêvée par Louis XIV et vigoureusement entamée par Bonaparte qui délivra les fellahs des terribles mammelucks, dont les débris furent anéantis plus tard par le grand Méhémet-Ali.

La République doit continuer en Égypte l'œuvre rédemptrice de la Monarchie, et l'ennemi qu'elle doit y combattre est le même aujourd'hui qu'autrefois. C'est toujours la pieuvre insatiable, redoutable seulement à ceux qui n'ont ni la force ni la volonté de se défendre.

Oui, c'est bien de l'Angleterre qu'il s'agit, de l'Angleterre qui, après un siècle de manœuvres louches, de petites et grosses trahisons, a réussi à se poser en protectrice du khédiviat, cette proie si longtemps convoitée et dont la difficile déglutition pourrait bien lui être fatale.

Sa politique de rapines a été remarquable par sa ténacité. Ses moyens, pour s'implanter en Égypte, ont été ondoyants et divers, jamais marqués au coin de la franchise ; à l'époque même où elle accablait le Sultan de ses bons offices, alors que « les généraux et les amiraux britanniques étaient à la tête des armées et des flottes turques, la nation de proie n'avait qu'un souci, soigneusement dissimulé sous des protestations de dévouement et de désintéressement dont elle n'a point perdu l'habitude, au contraire : mettre ses griffes sur la vieille terre des Pharaons.

A la glorieuse bataille d'Aboukir, où Bonaparte, à la

tête de 6,000 hommes, détruisit l'armée anglo-turque forte de 18,000 combattants, commandée par des Anglais, les habits rouges portaient des boutons d'uniforme sur lesquels on lisait : *Army of Egypt*. Il est évident que l' « Army of Egypt » comptait s'installer définitivement dans le pays. Ceci se passait en 1799; les Anglais ont de la suite dans les idées.

En 1859, la France était engagée dans la guerre d'Italie et menacée d'avoir toute l'Europe centrale sur les bras. Le moment parut opportun au cabinet britannique pour tenter contre l'Égypte un de ces coups de main dont Cecil Rhodes a perfectionné la formule. Une escadre anglaise, portant un corps de débarquement, se dirigeait subrepticement vers Alexandrie, quand la paix de Villafranca vint inopinément rendre à la France sa liberté d'action dans le Levant. Les Anglais, désappointés, firent demi-tour honteusement et sans bruit; leur coup était manqué et on aurait pu même douter de cette tentative de flibusterie, si à la douane d'Alexandrie des ballots, expédiés à l'avance et destinés à l'expédition ratée, n'avaient été ouverts : ils contenaient les imprimés nécessaires à l'intendance du corps d'armée anglais qui faisait piteusement route pour Malte, ayant à peine touché barre à cette Égypte qu'il devait conquérir... pour la sauver, sans nul doute, des mamelouks morts depuis vingt ans.

Le sauvetage, tenté en vain en 1799 et 1859, a fini par réussir en 1882 et, depuis que les sauterelles rouges dévastent la vallée du Nil, l'Angleterre, cette excellente amie de la Sublime-Porte, ne recule devant aucun moyen, devant aucune vilenie, pour creuser un large fossé entre l'Égypte et la Puissance suzeraine qu'elle aidait de toutes ses forces, en 1840, contre Méhémet-Ali, son victorieux vassal. » (*Le Journ. Égypt.*).

Cet épisode de 1859, dont nous empruntons le récit à M. Barrière, du *Journal Égyptien*, montre assez que l'Angleterre a l'habitude de profiter de toutes les heures d'effarement de la France pour pêcher en eau trouble.

Mais cette heure n'est pas près de sonner en France. Grâce à Dieu, la France jouit de la paix continentale, et elle est en pleine possession d'elle-même. Elle possède une alliée sûre qui l'assistera dans toutes les causes justes, et nous trouvons bien osé le défi porté, en automne dernier, par la *Saint-James Gazette* :

« Une idée que caressent les Français à propos de la double alliance, c'est que cette alliance pourra favoriser, grâce à la Russie, leurs desseins sur l'Afrique équatoriale. Le temps est venu d'expérimenter cette théorie. »

J'ignore si les Français caressent réellement « cette idée » que la Russie les aidera à planter leurs tentes sur les rives du Bahr-el-Ghazar ou dans d'autres contrées circonvoisines, mais je sais pertinemment que la France a des droits certains sur la vallée du Nil, que la Russie en a également et que ces droits ne seront pas indéfiniment foulés aux pieds par l'indélicate Angleterre.

Je sais aussi qu'il faut que l'Angleterre soit expulsée, à bref délai, de ses forteresses égyptiennes et que cette expulsion importe à la sécurité de tous les peuples.

Pourquoi laisserait-on la France assumer seule la responsabilité et la charge d'une campagne qui incombe à l'Europe entière intéressée au plus haut degré à ce que les Anglais ne puissent s'embusquer à loisir derrière les berges du canal maritime, surveillant et mettant à rançon le commerce des deux mondes?

La « Théorie », dont parle la *Saint-James Gazette*, pourrait bien être « expérimentée » trop tôt pour le bonheur de l'Angleterre.

CHAPITRE X

Le Canal de Suez

Il est probable qu'en face de la réprobation unanime des Puissances, prolégomènes de protestations effectives et redoutables, l'Angleterre finirait par renoncer à faire, malgré eux, le bonheur des Égyptiens, ainsi que le prétend M. Milner, écrivain anglais, ironiste à froid.

L'Égypte est, il est vrai, le pays le plus riche de la terre et le plus facilement exploitable par ses maîtres absolus, puisque sa population est la plus moutonnière du monde. Mais enfin l'Angleterre ne manque pas d'autres terres riches à exploiter et d'autres peuples à opprimer. Les intérêts financiers ou commerciaux engagés par ses nationaux au Caire et à Alexandrie, ne sont pas tellement considérables ni leur part dans la Dette khédiviale tellement importante, qu'on ne puisse la décider à évacuer, sans combat, une position qu'elle n'a aucun droit de garder et qui peut, un jour, lui coûter beaucoup plus cher qu'elle ne lui rapporte.

Il y aurait donc lieu d'espérer quelque peu en l'efficacité des moyens diplomatiques, en vue d'un arrangement à l'amiable de cette question égyptienne qui est, je le répéterai à satiété, la question de paix ou de guerre pour cette fin de XIXe siècle, — si l'Égypte n'était, avant toutes choses, la gardienne du canal de Suez, c'est-à-dire de la route de l'Océan Indien, et aussi la clef du Soudan, et si le Soudan n'était la porte de toute l'Afrique.

Dégageant des discussions, engagées depuis quinze ans, toutes les considérations politiques et philosophiques émises pour ou contre le maintien de l'occupation anglaise en Égypte, on n'aperçoit clairement que ces deux raisons qui puissent déterminer les hommes d'État anglais à tenir tête à toute l'Europe et à fouler aux pieds effrontément et la parole donnée et les principes élémentaires du droit public.

Mais c'est ici qu'éclate la politique peu loyale du gouvernement de la Reine.

Pour ne parler ici que de Suez, qui ne sait que le canal a été creusé sans l'Angleterre et contre l'Angleterre ? Le temps commence à effacer les détails de cette édifiante histoire. On me saura gré, sans doute, d'en rappeler quelques-uns, en laissant au lecteur le soin de tirer la conclusion des faits exposés.

Le firman de concession du canal de Suez a été accordé à M. de Lesseps. le 30 novembre 1854, par le Khédive Mohamed-Saïd ; le canal a été inauguré le 17 novembre 1869.

L'intervalle de quinze ans, placé entre le premier coup de pioche et le dernier, montre assez quels obstacles a dû tourner ou briser l'initiateur de cette entreprise qui n'exigeait que deux ou trois ans de travaux effectifs pour être menée à bonne fin. Tous ces obstacles ont été dressés ou suscités par l'Angleterre. Les entraves mises par le Sultan l'ont toujours été à l'instigation de l'Angleterre qui n'a reculé devant aucune intrigue pour influencer le Divan dans un sens contraire aux intérêts bien entendus de l'Égypte et de l'humanité tout entière.

Ce n'est, grâce à l'opposition systématique de lord Palmerston, de lord Stratfort et de M. D'sraeli, qu'en 1858, que M. de Lesseps put émettre une souscription publique de 200 millions, en vue de l'exécution de son projet. Les Anglais refusèrent de souscrire un schelling; les Français donnèrent 123 millions.

Le Khédive s'imaginant alors qu'il peut laisser le champ libre aux ingénieurs, fait poursuivre, à ses frais, les travaux préparatoires ébauchés depuis quatre ans, mais « il est harcelé par le consul d'Angleterre, qui le somme d'ordonner la cessation de travaux entrepris sans l'autorisation de la Porte, et le *Times* l'accuse de vouloir livrer l'Égypte à la France.

En juin 1859, la France est en guerre avec l'Autriche; sa politique générale l'enchaine à l'alliance anglaise, de sorte que le consul français s'abstient de soutenir le Khédive tandis que le consul d'Autriche se montre ouvertement hostile au canal, prêtant son concours énergique au consul d'Angleterre. Le Vice-Roi ne voit en imagination que des flottes anglaises à Alexandrie, et ses inquiétudes sont justifiées, puisque la Porte et l'Angleterre complotent de lui donner rendez-vous à Beyrouth, et là de le faire prisonnier et de le déposséder. Ce projet avait l'appui de l'escadre anglaise qui cinglait vers Alexandrie le 23 juillet 1859, quand la paix de Villafranca vint relever l'ascendant moral de la France et priver l'Angleterre du concours de l'Autriche. » (*L'Égyp. et le Soud.*).

La victoire de Solferino sauva le projet de M. de Lesseps en même temps que le Khédive, mais ni l'un ni l'autre n'étaient encore au bout de leurs tribulations.

Un canal d'eau douce de 14 kilomètres venait d'être creusé, démontrant la possibilité et la facilité de creuser un fossé plus large et plus long à travers les sables du désert, quand le Sultan, d'accord avec l'Angleterre, exerça sur le nouveau Vice-Roi Ismaïl une pression pour imposer à la Compagnie du canal la revision de son contrat.

La Compagnie proteste, mais la querelle s'envenime et les travaux courent risque de rester abandonnés, comme l'ont été depuis ceux de Panama. Napoléon III est pris pour arbitre. L'Empereur des Français, désireux de voir terminer une œuvre qui doit être la gloire de son temps sinon de son règne, pousse jusqu'à ses dernières limites l'esprit de concession, dans l'espoir d'apaiser l'hostilité incompréhensible de l'Angleterre.

La sentence arbitrale de Napoléon dépossédait, en

effet, la Compagnie du droit d'obliger le gouvernement égyptien à lui fournir les ouvriers nécessaires ; elle l'obligeait à rétrocéder à ce gouvernement les 60,000 hectares de terres qu'elle possédait dans l'isthme ; la Compagnie perdait aussi son droit de propriété sur le canal d'eau douce, mais elle en conservait la jouissance pour toute la durée de la concession.

A titre d'indemnité la Compagnie recevait du gouvernement égyptien la somme de 84 millions ; une indemnité de 30 millions lui était accordée pour les 60,000 hectares rétrocédés et les sacrifices qu'elle avait faits pour les mettre en culture, et la plus-value qui devait en résulter pour l'avenir.

L'intervention de Napoléon III à ce moment critique est jugée par M. Alloury comme le plus grand service qu'il ait rendu à l'entreprise du canal. Malgré les sacrifices qui résultaient de cette sentence pour la Compagnie, le Sultan s'efforça d'ajourner la ratification qui devait être la conséquence même de la proposition d'un arbitrage ; il émit la prétention de l'interpréter et finalement de l'éluder, mais devant l'insistance de la diplomatie française, le firman de 1866 (19 mars) donna l'autorisation de commencer les travaux, douze ans après le premier coup de pioche.

Enfin, le 17 novembre 1869, le premier navire à vapeur passait sous le Sphinx, aux acclamations de la foule des invités d'Ismaïl-Pacha, parmi lesquels une douzaine de têtes couronnées d'Europe : l'Impératrice

Eugénie, l'Empereur d'Autriche, le Prince et la Princesse royale de Prusse, etc.

Explique qui pourra l'opiniâtreté de l'opposition de l'Angleterre à la construction de ce canal de Suez qui devait singulièrement simplifier l'administration de son empire des Indes, et, doubler, pour le moins, l'importance de son trafic maritime, par conséquent, les profits de ses marchands. Je n'écris pas un livre de psychologie et je ne crois pas, du reste, que le lecteur soit curieux de savoir si les hommes d'État anglais sont des penseurs à courte vue ou s'ils l'ont, au contraire, tellement perçante qu'ils pénètrent les secrets des événements cinquante ans à l'avance, et qu'ils ont prévu, par exemple, que l'Égypte serait un jour le théâtre où sombrera la fortune de leur patrie.

Quoi qu'il en soit, aussitôt le canal inauguré, l'Angleterre change de tactique et va s'efforcer de mettre la main sur l'œuvre dont elle n'a pu empêcher la réalisation et pour laquelle ses nationaux n'ont pas risqué un denier.

Tout d'abord, elle suscite à la Compagnie des chicanes de procureur :

« Nous reconnaissons qu'au lieu de nous opposer à la grande création de M. de Lesseps, nous aurions mieux fait de nous y associer », dit M. Disraeli, au lendemain de l'inauguration, et le gouvernement britannique n'a plus dès lors qu'un but : accaparer le canal.

Par suite de leur égoïste hostilité, les négociants et

les financiers anglais n'avaient pas voulu profiter des actions qui leur étaient offertes au moment de la première souscription de 1858 : les Anglais ne se trouvaient donc pas représentés dans le Conseil d'administration, et pourtant les intérêts britanniques étaient indirectement trop engagés dans l'entreprise pour que l'Angleterre ne voulût devenir maîtresse des décisions de la Compagnie. Dès l'hiver de 1870, les négociants anglais essaient de s'approprier l'affaire.

Escomptant l'anéantissement de la France, une Société de capitalistes anglais se forme pour acheter le canal; elle envoie, au printemps de 1871, une délégation en Égypte qui fait à M. de Lesseps des propositions d'achat. Je dois cette justice à M. de Lesseps, — je ne l'ai pas toujours ménagé, — qu'il refusa d'entrer en discussion.

L'Angleterre alors réclame une diminution dans le tarif du transit, sous prétexte que ce tarif est onéreux pour ses armateurs. La Compagnie répond que charbonnier est maître chez soi et que les navires anglais sont libres de faire le tour du cap de Bonne-Espérance. L'Angleterre réunit alors une Conférence à Constantinople et cette Conférence impose à la Compagnie la réduction de plus d'un tiers sur ses tarifs, sans que la Compagnie ait été même admise à faire valoir ses droits.

Pour appuyer cette inique décision la Porte envoie 10,000 hommes sur les bords du canal et la Compagnie est obligée de céder. C'est ce qui peut s'appeler très justement un vol à main armée, mais l'Angleterre n'a jamais été scrupuleuse dans le choix des moyens.

Puis, l'Angleterre somme la Compagnie de céder la place à un Conseil d'administration où elle se ferait représenter par ses délégués :

La maison est à moi, c'est à vous d'en sortir !

M. de Lesseps résiste, victorieusement cette fois, à cette nouvelle et étonnante prétention.

« L'Angleterre entendait cependant arriver à exercer une influence dans le Conseil d'administration de la Compagnie. Quand, avec quelque naïveté, le chargé d'affaires français à Londres, M. Gavard, touchait un mot à lord Derby, le 20 novembre 1875, du projet qu'on attribuait au Khédive de vendre ses actions à la Société Générale, alors que le gouvernement du duc Decazes négligeait de favoriser un pareil contrat, lord Derby lui répondit : « En tout cas, nous ferons notre possible pour ne pas laisser monopoliser dans des mains étrangères une affaire dont dépendent nos premiers intérêts ».

Lord Derby le montrait quelques jours après en acquérant du Khédive Ismaïl les 176,602 actions que la Compagnie lui avait remises.

Aucun marché financier n'émut autant l'Europe, et ne causa un plus vif dépit en France : les journaux et revues dévoués au gouvernement du duc Decazes s'efforcèrent vainement de diminuer la portée d'un pareil acte politique qui dépossédait en partie la France, créatrice du canal, au profit de l'Angleterre toujours hostile à cette œuvre et, depuis son succès, jalouse de l'accaparer.

Le gouvernement anglais, écrivait alors M. de Mazade, n'est qu'un gros actionnaire de plus qui, dans les affaires du canal, n'a qu'une faculté d'immixtion et un nombre de voix limité ; mais il serait parfaitement inutile, ce serait même montrer de la naïveté, de se faire illusion sur la gravité et les conséquences possibles de ce coup de théâtre qui vient d'éclater en Europe.

Oui, assurément, l'acte est tout politique et c'est là précisément ce qui en fait la gravité ; car enfin, si ce n'est pas une prise de possession matérielle territoriale de l'Égypte, c'est un premier pas. L'Angleterre s'est donné un client qui a besoin de plus de 100 millions pour liquider ses dettes ; elle ne peut plus l'abandonner, elle surveillera ses finances, elle viendra encore une fois et sous d'autres formes à son secours, et naturellement il lui faudra d'autres gages, des sûretés nouvelles. Où cela conduira-t-il ? » *(L'Égyp. et le Soud.)*.

M. de Mazade a vu juste, mais on est en droit de trouver que son indignation s'exprime et termes bien modérés. La vérité, dégagée de toutes les circonlocutions de langage, c'est que l'Angleterre fit acte d'usurière à l'égard d'Ismaïl-Pacha et d'usurpatrice à l'égard de la France.

Quant à l'attitude de M. le duc Decazes, je ne pourrais la juger sans raviver des polémiques éteintes depuis vingt ans. Tout ce qu'on peut dire de plus atténué en sa faveur, c'est qu'il fut d'une rare imprévoyance.

L'Angleterre avait atteint, à cette époque, la moitié de son but, et M. de Lesseps cessait dès lors de témoigner de la même fermeté. Le 3 janvier 1876, il signait avec le colonel Stokes, délégué de l'Angleterre, une convention aux termes de laquelle les tarifs du canal étaient encore réduits sensiblement, et la Compagnie admettait dans son Conseil directeur trois administrateurs anglais.

Les intérêts de la France et du monde étaient sacrifiés à l'Angleterre. Une fois entré dans cette voie on ne devait plus s'arrêter.

A l'avenir, et tant qu'il vivra, M. de Lesseps ne sera plus que le feudataire et l'homme-lige de l'Angleterre qui lui assure, en échange de sa parfaite soumission, le maintien viager de sa position personnelle.

C'est à l'Angleterre qu'il va demander aide et protection, en 1877, contre le danger plus qu'hypothétique d'une conflagration navale entre les Russes et les Turcs, dans les environs du canal.

Le premier ministre anglais, lord Derby, ravi de cette occasion qui lui permet d'affirmer la suprématie de son gouvernement, et enchanté, en même temps, de faire blanc de son épée, ce qui fut toujours l'exercice favori de l'Angleterre, répondait officiellement :

Toute tentative de bloquer ou entraver par un moyen quelconque le canal ou ses approches serait envisagé par le gouvernement de Sa Majesté comme une menace pour l'Inde et comme un grave dommage pour le commerce du monde. D'après ces deux considérations, tout acte semblable, que le gouvernement de Sa Majesté espère et croit qu'aucun des deux belligérants ne voudrait commettre, serait incompatible avec le maintien par le gouvernement de Sa Majesté d'une attitude de neutralité passive. *(L'Égyp. et le Soud.).*

À qui fera-t-on croire que la Turquie, qui n'entretenait pas une barque à voile dans la Méditerranée, et la Russie, dont la flotte de la mer Noire était concentrée sur le Danube, avaient la moindre envie de se livrer bataille dans les eaux égyptiennes? La demande de secours de M. de Lesseps et la réponse de lord Derby n'étaient qu'une indigne comédie arrangée d'avance entre ces deux personnages.

En ce qui concerne M. de Lesseps la démarche n'avait d'autre objet que de lui donner une importance factice et de le poser en petit potentat traitant avec la puissante Angleterre, recherchant et obtenant son alliance. Lord Derby, mieux avisé et moins fat, ou ayant moins le besoin de l'être, créait, en faveur de l'Angleterre, un précédent dangereux. En se déclarant, dés 1877, prête à intervenir pour la défense du canal, elle proclamait que son intervention, sur toute la terre d'Égypte, serait légitime, le cas échéant.

Ce cas se présentait, cinq années après, on le sait, et on sait aussi combien équivoque fut l'attitude de M. de Lesseps en face de l'insurrection d'Arabi. J'ai traité cette question en un chapitre spécial de ce livre. Je n'y reviendrai pas, sauf pour dire qu'en ce qui intéressait la sécurité et la neutralité du canal, deux hommes seulement ont paru défendre, avec quelque vigueur, les droits du

monde civilisé menacés par les prétentions et les empiétements de l'Angleterre : M. de Freycinet en France, et
M. Mancini en Italie. Le délégué français à la Conférence
réunie à cette occasion, à Constantinople, M. le marquis de
Noailles, se montra fort inférieur à sa tâche. En laissant
introduire dans le protocole que la neutralité du canal
serait garantie *sauf le cas de force majeure*, il ouvrait
toute grande la porte par laquelle l'Angleterre allait
passer.

Le 20 août 1882, en effet, les Anglais débarquent à
Ismaïlia et interrompent le trafic du canal. Après la
bataille de Tel-el-Kébir, ils placent des garnissaires dans
les principales villes d'Égypte. Ils veulent bien alors
rendre à la voie maritime la liberté de circulation. Mais
que leur importe ! Ils se tiennent armés à proximité et
fermeront les deux issues quand ils voudront.

En attendant, ils exigent l'augmentation du nombre
des membres du Conseil d'administration de la Compagnie du Canal et l'admission dans ce Conseil de nouveaux membres anglais. Le nombre total de ces membres du Conseil est porté, avec l'acquiescement de M. de
Lesseps, de 24 à 32, et celui des Anglais de 7 à 10. En
outre un Comité consultatif est organisé à Londres,
composé des Administrateurs anglais.

En 14 ans, l'Angleterre a mis la main sur la moitié
des actions du canal, sur l'administration intérieure de
ce canal et sur tout le territoire égyptien.

Il est vrai qu'un traité international, signé à Paris le

26 mai 1888, proclame la neutralité absolue du canal de Suez et interdit formellement aux belligérants, quels qu'ils soient, de livrer bataille soit dans les eaux mêmes du canal, soit dans ses ports d'accès, soit même dans les eaux égyptiennes.

Mais n'est-ce pas le cas ou jamais de répéter, en le modifiant un peu, le dicton célèbre : « Ah! le bon billet qu'a l'Europe! »

Que serait, en effet, le chiffon de papier sur lequel est écrit ce traité, au cas où l'Angleterre, maîtresse sur terre en Égypte, maîtresse des ports d'Alexandrie, de Damiette, de Suez, d'Ismaïlia, éprouverait le besoin de fermer la grande route maritime à tous les navires neutres ou bien jugerait nécessaire de couler à fond les navires de ses ennemis, voguant dans les eaux égyptiennes ?

Il importe même, à ce sujet, de faire une simple observation. C'est l'Angleterre qui a fait, en 1882, la proposition de proclamer la neutralité du canal. A cette époque, elle ne croyait pas à la longanimité des Puissances et craignait d'être contrainte d'évacuer l'Égypte à bref délai. Quand elle a pu se persuader que la patience de l'Europe n'aurait plus de limites, elle a fait volte-face et s'est opposée de toutes ses forces à cette neutralisation. C'est malgré elle, et après cinq années de discussions pénibles, que la convention a pu être signée. Mais, encore une fois, que lui importe !

Un des journaux qui font encore, sur place, une opposition courageuse à l'usurpation anglaise, *le Phare de Port-Saïd*, publiait récemment l'article suivant qui en dit long sur les intentions du gouvernement de la Reine :

Il y a sur le canal des troupes parfaitement prêtes et même une forte caserne.

Il y a quelques jours, au même moment où des matelots anglais du stationnaire *Nymphe* faisaient des essais de tir à la mitrailleuse, on posait la première pierre du mur de défense qui doit servir d'enceinte au dit fort.

L'Angleterre a mis des gardes-côtes partout, même dans l'artillerie, puisque ce sont eux qui ont pris en charge la batterie de la plage, leur uniforme diffère de celui des artilleurs de l'armée. Il y a un corps d'infanterie d'environ deux mille hommes, de la cavalerie, un corps de dromadaires, un corps d'artilleurs dont nous avons parlé plus haut, plus une flottille de canots à vapeur et de nombreuses embarcations à voile dans la Méditerranée et dans la mer Rouge.

Les corps montés, sous prétexte de protéger le fisc, font continuellement des allées et venues de Port-Saïd à Suez et *vice versa* ; quant à l'infanterie, on la tient constamment en haleine. La conséquence de ce rassemblement de soldats se fait logiquement sentir pour les besoins de la cause, il faut loger ces troupes. Il y a bien—le *Navy House* qui est entièrement libre, il y a bien des locaux où l'on pourrait ériger des baraquements ; l'on pourrait même laisser les choses comme elles sont actuellement, c'est-à-dire, permettre à ces semblants de gardes-côtes de se loger un peu partout ; mais non, l'occasion a été créée dans un but et ce but il faut l'atteindre. Déplacer l'abattoir qui se trouve à l'entrée de Port-Saïd et construire là une belle et solide caserne, voilà l'objectif.

Un autre journal dit que cette véritable forteresse est flanquée d'une batterie de six pièces de gros calibre et il ajoute :

Au *Navy House*, on construit également un quai sur tout le pourtour de ce bel immeuble, où autrefois la Compagnie Hollandaise avait ses magasins, ses ateliers de réparations, et qui a été acheté par l'Amirauté anglaise en prévoyance des suites des événements de 1882.

Nous imaginons que la démonstration est assez complète pour ne laisser à personne la moindre illusion sur ce fait brutal : Les Anglais occupent militairement le canal de Suez.

Voilà l'estime dans laquelle les Anglais tiennent, en pleine paix, l'instrument diplomatique de 1888, qui porte les signatures de MM. E. de Montebello, pour la France; de M. O. de Radovitz, pour l'Allemagne; du baron H. de Calice, pour l'Autriche-Hongrie; de don Miquel Florez y Garcia, pour l'Espagne; du très honorable sir William Arthur Wite, pour la Grande-Bretagne; du baron Albert Blanc, pour l'Italie; de M. G. Keun, pour les Pays-Bas; de M. A. de Nelidow, pour la Russie et de Saïd-Pacha, pour la Turquie.

L'article 1er de ce traité est ainsi conçu :

Le canal maritime de Suez sera toujours libre et ouvert, en temps de guerre comme en temps de paix, à tout navire de commerce ou de guerre, sans distinction de pavillon.

En conséquence, les Hautes Parties contractantes conviennent de ne porter aucune atteinte au libre usage du canal, en temps de guerre comme en temps de paix.

Le canal ne sera jamais assujetti à l'exercice du droit du blocus.

ART. 7. — Les Puissances ne maintiendront dans les eaux du canal (y compris le lac Timsah et les lacs Amers) aucun bâtiment de guerre.

Toutefois, dans les ports d'accès de Port-Saïd et de Suez, elles pourront faire stationner des bâtiments de guerre dont le nombre ne devra pas excéder deux pour chaque Puissance.

Ce droit ne pourra être exercé par les belligérants.

ART. 8. — Les agents en Égypte des Puissances signataires du présent traité seront chargés de veiller à son exécution. En toute circonstance qui menacerait la sécurité ou le libre passage du canal, ils se réuniront, sur la convocation de trois d'entre eux et sous la présidence du doyen, pour procéder aux constatations nécessaires. Ils feront connaitre au gouvernement khédivial le danger qu'ils auraient reconnu afin que celui-ci prenne les mesures propres à assurer la protection et le libre usage du canal.

En tout état de cause, ils se réuniront une fois par an pour constater la bonne exécution du traité. Ces dernières réunions auront lieu sous la présidence d'un commissaire spécial nommé à cet effet par le gouvernement impérial ottoman.

Ils réclameront notamment la suppression de tout ouvrage ou la dispersion de tout rassemblement qui, sur l'une ou l'autre rive du canal, pourrait avoir pour but ou pour effet de porter atteinte à la liberté et à la sécurité de la navigation.

ART. 11. — ...L'érection de fortifications permanentes élevées contrairement aux dispositions de l'article 8 demeure interdite.

Cet instrument diplomatique qui mettait le canal à l'abri de toute surprise ayant été signé et ratifié par les représentants des grandes Puissances, les diplomates reconnurent avec une surprise mêlée de terreur qu'ils avaient fait œuvre inutile.

Si jamais traité a été destiné à être ouvertement violé, il apparaît bien que c'est celui-là, surtout en temps de guerre.

Qu'attend l'Europe pour faire respecter sa signature?

CHAPITRE XI

Le Soudan

Si l'accaparement du canal de Suez est le premier corollaire de l'occupation de l'Égypte, la main-mise sur le Soudan en est le second, et, en présence des événements modernes, surtout de la glorieuse rentrée de l'Abyssinie au sein de la grande famille chrétienne, on peut croire que la valeur de la Haute-Égypte est estimée à aussi haut prix que celle de la grande voie ouverte aux navires par l'argent français et par l'active initiative de M. de Lesseps. Si le canal commande, en effet, les grandes routes maritimes du vieux monde, le Soudan domine toute l'Afrique centrale, la fertile région des grands lacs, et sa possession par les Anglais entraverait à tout jamais l'expansion des Abyssins vers des contrées qu'ils semblent appelés tôt ou tard à conquérir et à civiliser. La conquête du Soudan par l'Angleterre serait, en outre, une épée de Damoclès suspendue sur la France, l'Allemagne, le Portugal, la Belgique et sur toutes les autres nations qui peuvent être appelées à participer au grand banquet africain. La conquête du Soudan pourrait même, jusqu'à un certain point, consoler l'Angleterre de son éviction de l'Égypte, parce qu'elle serait ainsi maîtresse de tous les ports de l'Afrique orientale, en deçà et au delà du détroit de Bab-el-Mandeb, et qu'il lui serait aisé de monopoliser par leur moyen tout le commerce du Continent noir, y compris celui des esclaves, même de fermer l'accès de Suez par Périm, au cas où cette opération semblerait utile à ses intérêts. On le comprend bien à Londres où, depuis quelques années, les directeurs de l'opinion publique ne cessent de prêcher une sorte de guerre sainte contre le mahdisme. Il est vrai qu'ils n'ont pas tenu, de tout temps, le même langage, et, si nous nous en rapportons à la lecture des journaux anglais, dans la période qui s'écoule de 1882 à 1888, nous voyons que jamais on n'a fait si bon marché de la ruine d'une armée de plus de 50,000 hommes et du massacre d'hommes valeureux qui semblent avoir été attirés et abandonnés dans une série de guets-apens, par suite d'un calcul véritablement monstrueux.

Faut-il croire que l'Angleterre ait combiné de longue main la perte de l'immense vallée du Nil, pour la réoccuper ensuite à loisir et s'en emparer comme d'une terre vacante? Elle aurait alors trahi l'Égypte qui se reposait sur elle du soin d'assurer la sécurité de ses provinces méridionales; elle aurait, de parti pris, affaibli l'armée égyptienne encore auréolée de la victoire de Nézib, afin de la commander ensuite plus facilement et même de la terroriser ; enfin, pour donner le change sur ses intentions scélérates, elle n'aurait pas hésité à sacrifier quelques-uns de ses propres enfants, comme Hicks-Pacha, Gordon-Pacha et d'autres qu'elle ne s'est, d'ailleurs, jamais préoccupée de venger.

Comme les Anglais n'ont jamais entendu l'honneur et la dignité nationale de la même façon que les autres hommes, il est permis de tout supposer, et comme leurs intérêts donnent raison aux hypothèses les plus étranges, il est loisible de tout croire.

L'examen des faits établit, du reste, que les Anglais ont voulu faire perdre à l'Égypte tous les fruits des brillantes conquêtes de Méhémet-Ali, pour les cueillir ensuite à leur heure, et fonder leur souveraineté absolue sur des territoires que personne n'aurait la possibilité de revendiquer.

L'histoire de la Révolution du Soudan est bien mystérieuse encore, et il n'est guère probable qu'aucun historien de l'avenir parvienne à en pénétrer tous les secrets. Beaucoup de ces secrets sont ensevelis, sans doute, dans les tombes des vaillants ensevelis sous les sables brûlants de l'Équateur, ou, sort plus funeste encore ! dans les entrailles des fauves qui venaient, chaque soir, parachever l'œuvre de mort des féroces Baggaras. En outre, la politique astucieuse de l'Angleterre est faite de tant de détours et de méandres tortueux qu'il sera toujours bien difficile aux archivistes les mieux avisés d'en saisir tous les fils.

Cependant, l'historien consciencieux remarquera que l'insurrection du faux prophète Mohamed-Ahmed a éclaté en même temps que celle d'Arabi, entre les années 1881 et 1882. Quand il aura acquis la parfaite conviction que la révolte d'Arabi a été fomentée par des agents provocateurs anglais, chargés par leur gouvernement de susciter un prétexte plausible à l'intervention armée de l'Angleterre en Égypte, il arrivera logiquement à cette persuasion que d'autres agents ont dû semer la graine de rébellion au sein des populations jusqu'alors paisibles du Darfour et du Kordofan ou, tout au moins, qu'ils n'ont rien fait pour arrêter le développement de l'insurrection.

Il observera aussi que l'imposteur Mohamed-Ahmed, qui a versé tant de sang et causé tant de désastres sur l'immense champ de bataille qui va du lac Victoria-Nyanza jusqu'au 30e degré de latitude nord, ne fut qu'un de ces agitateurs vulgaires, comme il s'en lève tous les six mois en pays d'Islam, et qui finissent généralement sur le gibet, après avoir commis quelques déprédations. Cet imposteur n'avait, comme on dit, ni le physique ni le moral d'un chef révolutionnaire; son titre de Mahdi ne fut pris au sérieux, à son début, par aucun chef de tribu; ses succès prodigieux, en un mot, sont tout à fait inexplicables sans l'intervention d'une assistance occulte.

L'historien impartial rappellera aussi que deux gouverneurs anglais des provinces de la Haute-Égypte, sir Samuel Baker et Gordon, n'ont négligé aucun moyen d'exaspérer les populations qu'ils étaient chargés d'administrer, durant les cinq années qu'ils sont restés à la tête de leurs départements. Personne ne contestera le fait, en ce qui concerne sir Samuel Baker. En ce qui concerne Gordon-Pacha, je n'entends pas m'inscrire en faux contre la légende qui glorifie son souvenir, et je suis le premier à convenir que la vie de cet illustre Anglais a de fort belles pages. Il n'en est pas moins vrai qu'elle contient aussi certaines obscurités et qu'il serait utile de les éclaircir pour bien connaître les causes des progrès du mahdisme. Sans être aussi sévère que M. Pensa qui l'accuse assez nettement d'avoir, de parti pris, irrité les Arabes et les nègres placés sous son commandement, il est certain qu'il a manqué du liant nécessaire pour s'attirer leurs sympathies. On sait enfin que, pour sauver Khartoum, il n'hésita pas à faire alliance avec un marchand d'esclaves, démentant ainsi le programme de toute sa vie. Sa mort héroïque a sans doute amnistié bien des défaillances, mais n'a pas effacé ses responsabilités.

L'Histoire notera qu'aucune des armées envoyées par les Anglais contre les madhistes envahissants n'était suffisante pour arrêter leur marche. On a procédé contre Mohamed-Ahmed par petits paquets ; on a disséminé les forces sur une surface de terrain presque infinie, de telle sorte que les régiments ne pouvaient se donner la main en temps utile ; moyen sûr de faciliter les victoires de l'Imposteur et d'augmenter son prestige parmi des tribus qu'il est si aisé de fanatiser. Quand on a simulé un effort, on est arrivé trop tard comme à Khartoum, et quand on étudie la marche sur Khartoum de l'armée de secours, on demeure convaincu que la chute et la destruction de cette place entraient dans le plan général des complices occultes du Mahdi. Enfin les Anglais n'ont exposé dans le Soudan presque aucun des soldats de la métropole ; preuve nouvelle qu'ils voulaient ménager leurs propres forces et qu'ils avaient l'intention bien arrêtée de faire massacrer l'élite des troupes égyptiennes qui, rentrées victorieuses au Caire, auraient pu être tentées de les précipiter eux-mêmes dans la mer.

Deux preuves décisives viennent corroborer singulièrement ce raisonnement. Quand le Mahdi, enivré de ses victoires, qu'il prédisait d'avance, à coup sûr, comme si le secret de l'avenir lui eût été soufflé, non par un ange descendu du ciel mais par un agent expédié des bords de la Tamise ; quand le Mahdi, dis-je, eut fini par croire lui-même à sa mission, il s'avisa d'attaquer la Basse-Égypte. Il fut arrêté net aux abords du Delta. La moitié de ses hordes fut exterminée et l'autre moitié fut rejetée dans le désert, sans qu'il en coûtât aux Anglais que quelques morts et quelques blessés. Les Anglais disposaient donc d'un armement suffisant pour étouffer dans l'œuf la rébellion, et on est en droit de s'étonner qu'ils n'en aient pas fait usage à Wadi-Halfa comme au pied des Pyramides.

La seconde preuve est encore plus décisive que la première. La conservation de deux seules places dans le Soudan importait à l'Angleterre, tant qu'elle n'aurait pas assis sa souveraineté tyrannique dans la Basse-Égypte : Souhakim, qui est le port le plus considérable et le plus commode de la mer Rouge, et Kassala, qui commande ce port. Mohamed-Ahmed a eu beau faire investir ces deux places à plusieurs reprises, chaque fois ces places ont été dégagées avec la plus grande facilité et leurs abords sont devenus le tombeau des plus fameux séides du Mahdi. Kassala et Souhakim ne sont cependant pas plus forts que ne l'était Khartoum.

Je ne parle que pour mémoire de l'expulsion d'Émin-Bey de la province Equatoria par le flibustier Stanley. Stanley, par cet acte de piraterie, a ouvert aux mahdistes les portes de cette contrée extrême qui avoisine les grands lacs. Est-ce le but que s'est proposé l'Angleterre, et a-t-elle supposé que les bords de ces mers intérieures seraient mieux gardés par les marchands d'esclaves aux ordres du Mahdi que par l'opiniâtre Émin-Bey qui voulait rester fidèle à son maître, le Khédive ?

Les Anglais n'ont jamais cessé d'entretenir des affidés dans le camp du Mahdi, comme ils en entretiennent à Ghadamès, où ont été assassinés, coup sur coup, Flatters et le marquis de Morès; comme ils en entretiennent dans les villes les plus excentriques et les pays les plus barbares, où l'on s'étonne même que le nom de l'Angleterre puisse être connu ; mais la cavalerie de Saint-George exécute des raids plus extraordinaires que la légendaire cavalerie de Ney ou celle de Lassalle.

Ces affidés soudanais n'ont pas même attendu que le mahdisme ait accompli l'évolution naturelle à tous les mouvements révolutionnaires mal coordonnés, c'est-à-dire que le régime de la terreur ait fait place à l'anarchie, pour prêcher aux tribus affolées, non le retour à la soumission envers le souverain légitime, le Vice-Roi d'Égypte, mais la reconnaissance de l'autorité de l'Angleterre qui, seule, disent-ils, peut les délivrer des horreurs de la guerre et des tortures de la famine qui est à l'état endémique sous la domination du successeur du premier Mahdi.

Dès 1886, ils ont suscité une révolution dans la révolution et opposé faux prophète contre faux prophète. Leurs mesures étaient si bien prises et les dissidents si bien armés qu'Osman-Digma, le plus vaillant lieutenant de Mohamed, fut obligé de reculer avec les débris de ses armées presque exterminées. Il est vrai que ces armées avaient l'audace de camper autour de Souakim et de Kassala, et je viens d'expliquer que les Anglais entendaient conserver ces deux places.

Au commencement de 1888, d'autres émissaires anglais avaient l'habileté de déterminer le Négus d'Abyssinie à entreprendre une campagne contre les mahdistes. Les Abyssins n'avaient alors rien à faire dans la querelle, mais c'est l'éternel système de l'Angleterre d'abuser du dévouement chevaleresque d'autrui et de surexciter l'amour-propre des braves pour leur faire retirer, à son profit, les marrons du feu. L'expédition du Négus Jean ne réussit pas, parce qu'il fut tué à la fin d'une grande bataille victorieuse et que ses troupes se retirèrent en bon ordre pour empêcher leur propre pays de sombrer dans l'anarchie.

Cette diversion ayant manqué son but, l'Angleterre se résolut, dès lors, à opérer elle-même, et comme elle n'est dépourvue ni de moyens diplomatiques ni de moyens matériels pour arriver à ses fins, elle s'imposa un programme dont elle poursuit le développement depuis 1889, et qui parviendra à sa complète réalisation, vraisemblablement dans quelques mois.

On ne sait qui inspira, vers cette date de 1889, à Nejuni, un autre lieutenant du Mahdi, la folle pensée d'envahir la Basse-Égypte. Le colonel anglais Wodehouse attendait ses hordes avec des fusils à longue portée et un lot considérable de canons Maxim. Que pouvaient des envahisseurs armés de lances contre un déluge de mitraille ?

Ils furent décimés en vingt petits combats, puis cernés aux environs de Toski, un peu au sud des Pyramides.

Nejuni, comprenant trop tard qu'il était tombé dans un guet-apens, voulait se retirer, mais le général Grenfell l'obligea au combat.

Le 3 août, à neuf heures du matin, les canons ouvrirent le feu. Nejuni, voyant que les forces ennemies s'étaient établies de façon à lui couper la retraite, se décida, à contre-cœur, à faire face. Il y eut de part et d'autre un acharnement inouï, et les positions de l'ennemi ne purent être occupées successivement qu'après les plus grands efforts. Enfin, les troupes anglo-égyptiennes réussirent à déloger les Arabes des collines et la déroute commença. Nejuni fut tué et son corps, qu'un peloton de cavaliers d'élite cherchait à emmener, tomba entre les mains des soldats de Grenfell. L'escorte fut massacrée jusqu'au dernier homme et le cadavre de Nejuni envoyé à Toski.

Le feu cessa à deux heures, et les Anglo-Égyptiens ne rentrèrent dans leur camp qu'à cinq heures, étan restés tout le jour sans manger ni boire.

On évalua les pertes des Arabes à plus de 1,200 tués. Tous les principaux Émirs furent massacrés. Les Anglo-Égyptiens n'eurent que 25 tués et 140 blessés.

Pendant les trois jours qui suivirent, plus de 4,000 prisonniers ou transfuges arrivèrent au camp égyptien. Ils furent fort bien traités et on leur prodigua les soins que nécessitait leur état. Ils furent depuis distribués dans les diverses provinces de l'Égypte.

Quoique, à bien considérer les choses, la victoire de Toski ne soit pas beaucoup plus glorieuse que celle de Tel-el-Kébir, l'effet en fut décisif sur la population musulmane.

Le mahdisme avait reçu son coup le plus sensible. Le

pays était désormais tranquille : le général Grenfell retourna au Caire le 17 août.

De toute l'armée de Nejuni quelques hommes seulement, après une marche terrible à travers le désert, purent apporter au Khalife la nouvelle du désastre.

Toutes les tribus soudanaises, sauf les Baggaras qui restent indomptables, réclament désormais, à grands cris, l'appui de l'Angleterre pour les délivrer de la tyrannie des Mahdis, et l'Angleterre a trouvé le prétexte qu'elle a cherché pour se donner le droit d'intervenir.

Les Anglais vont maintenant organiser contre le Soudan des expéditions régulières. On verra tout à l'heure que s'ils procèdent lentement, c'est par un raffinement d'hypocrisie ; pour se donner des airs de libérateurs, pour éviter de provoquer les réclamations trop bruyantes de l'Europe et aussi pour faire mine de cueillir quelques branches de laurier dans un pays où cet arbuste n'a jamais poussé.

Dès 1891, ils ont réoccupé Tokar, la capitale d'Osman-Digma. Le colonel Holled-Smith a eu l'honneur de ce triomphe dont il a fait payer les frais aux tribus environnant la ville, qu'il a réquisitionnées sans merci. Osman essaya de se défendre avec quelques milliers d'hommes.

Le 19 février, à l'aube, raconte M. Pensa, le colonel Holled-Smith donna le signal de la marche sur Alafit. A dix heures, ses troupes entraient dans Tokar sans rencontrer de résistance, puis, continuant leur marche, rencontrèrent l'armée d'Osman. Malgré une résistance désespérée, celle-ci fut complètement défaite. Les mahdistes, débandés, prirent la fuite, et le camp d'Osman fut occupé et transformé en hôpital. Les Égyptiens eurent en tout 10 tués et 48 blessés. Plus de 50 étendards de l'ennemi furent pris, et un grand nombre d'armes de toutes sortes, ainsi que les papiers d'Osman-Digma.

Tokar fut repris le jour du 7e anniversaire de sa chute.

Le 20, au matin, la cavalerie fit une reconnaissance dans la direction de Temeren et prit quelques fuyards qui rapportèrent qu'Osman, suivi de 300 hommes environ, se dirigeait à marche forcée sur Kassala. Tous les Arabes du pays l'avaient abandonné et venaient faire leur soumission.

Les communications par terre furent rétablies avec Souakim et les mesures furent prises pour établir un gouvernement civil.

On sait comment les Anglais ont réoccupé depuis lors Dongola et ensuite Berber. On sait aussi qu'ils se dirigent sur Khartoum où ils seront peut-être installés en maîtres au moment où paraîtra ce livre.

Je n'ai pas besoin de rappeler avec quel sans-gêne ils ont puisé dans la caisse de la Dette la somme nécessaire pour pourvoir aux besoins de l'expédition, émettant ainsi la prétention de faire payer leur prochaine conquête non seulement aux Égyptiens qu'ils veulent déposséder d'un territoire qui est à eux, mais même aux créanciers des Égyptiens, c'est-à-dire aux Français, aux Allemands, aux Russes. Les Tribunaux mixtes ont, il est vrai, déclaré illégal ce cambriolage de coffre-fort, et ils ont condamné l'Angleterre à restituer au Trésor la somme soustraite. Mais nous n'avons pas ouï-dire que cet arrêt ait été suivi d'une sanction effective bien sérieuse. Tant que l'Europe n'aura pas envoyé les gendarmes, comment, en effet, contraindre des voleurs à s'exécuter eux-mêmes? En réponse à l'arrêt de condamnation, l'Angleterre a réclamé la réforme des Tribunaux mixtes. Les coupables veulent supprimer les juges; c'est dans l'ordre. Les Puissances ont du moins repoussé avec indignation cette demande, et M. Thomson, député français, s'est honoré, en se faisant à la Chambre l'organe de cette indignation.

Mais dans tout ceci il n'y a eu qu'un froissement de l'amour-propre britannique, et les Anglais sont peu sensibles à ce genre d'échec.

Ce qu'ils veulent, c'est le Soudan; et, quand ils l'auront, il en coûtera très cher de les déloger.

L'Égypte elle-même, jusqu'à présent, a été un moyen plutôt qu'un objectif. C'est en s'imposant à l'Égypte qu'ils pouvaient se rendre maîtres du Soudan; mais enfin, le Delta, à tout prendre, était assez riche, assez plantureux, pour calmer momentanément le gros appétit britannique. Le hors-d'œuvre égyptien n'a pas été dédaigné et l'exploitation des ressources du Khédiviat se poursuit avec une méthode et un soin dignes de la réputation de la nation de boutiquiers.

Mais s'ils « ramonent » la Basse-Égypte, ils récurent déjà à fond la Moyenne-Égypte qui est maintenant placée sous un régime exclusivement anglais. Les enfants n'apprennent que la langue qu'on parle à Londres, à Esnels, à Edfou, à Assouan, à Helfa, à Souakim, et la génération qui s'élève se croira une colonie anglaise.

C'est un attentat contre les droits du Khédive, c'est un mensonge à l'Europe qui s'imagine que l'Angleterre fait œuvre civilisatrice en ces pays lointains; c'est un manquement à ses propres engagements, puisqu'elle a signé en 1882, le fameux protocole de désintéressement, mais l'Angleterre n'en est pas à une déloyauté près.

Afin de masquer l'odieux de tels procédés, le *Times*, après avoir expliqué que la province de Kassala sera administrée à l'anglaise, ajoutait : « Le Soudan pourra ainsi jouir du régime qui a amené l'Égypte de la banqueroute à la plus haute prospérité. »

Le *Journal Égyptien* répliquait que cette prétention repose sur une grossière jonglerie qui biffe de l'histoire de l'Égypte les quatre années qui ont précédé le bombardement d'Alexandrie.

A la fin de l'année 1882, les Anglais ont trouvé, en Égypte, l'œuvre intacte du *Condominium*, c'est-à-dire la lourde succession d'Ismaïl-Pacha, liquidée.

Les exactions, les abus, les violences, que les Anglais se targuent d'avoir fait disparaître, n'existaient plus depuis quatre ans au moins, lorsque ces gens-là firent main basse sur les administrations de l'État; l'Égypte n'avait pas la banqueroute à craindre en 1883, n'en déplaise au correspondant du *Times*; car déjà en 1881, le budget pour cette année s'était soldé par un excédent de L. E. 110,551, et l'année suivante, cet excédent de recettes avait atteint L.E. 282,588. Ce n'était donc pas la banqueroute, mais bien la prospérité, la régularité dans les perceptions et l'ordre dans les finances que les faux grands hommes de la Grande-Bretagne ont trouvées en Égypte. Pour que la prospérité s'accrût dans des proportions normales, il n'y avait qu'à continuer l'œuvre commencée : La table était mise, les Anglais n'ont eu qu'à s'y asseoir.

La banqueroute financière, administrative et judiciaire avait été terrassée par les grandes Puissances réunies. Les Tribunaux de la Réforme fonctionnent depuis 1876.

Les Commissions internationales de la Caisse de la Dette, des Domaines de l'État, des chemins de fer, de la Daïra Sanieh, donnaient aux créanciers de l'État des garanties telles que nul n'a songé à les augmenter depuis.

Les Anglais ont surtout chanté leurs propres louanges au sujet de l'extension donnée aux surfaces cultivées, mais en matière de travaux publics, comme pour le reste, ils n'ont fait que suivre une voie largement tracée par l'ancienne administration française.

Je reviens au Soudan. La révolution mahdiste avait causé en Égypte des ruines considérables dont les victimes avaient fini par se consoler à demi, en songeant que l'Angleterre avait à cœur, suivant une expression de lord Salisbury, de rendre au Khédiviat les provinces que l'incurie de ses généraux lui avait fait perdre.

Quel n'a pas été le désappointement des malheureux appauvris par ce désastre quand ils se sont aperçus que cette promesse n'était qu'un nouveau leurre ou mieux une hypocrisie de plus au passif de l'Angleterre?

La ceinture de fer imposée à la frontière sud de l'Égypte, les tentatives de créer un chemin de fer de Souakim à Berber, dénotaient clairement, depuis quelques années, la volonté de l'Anglais de rendre irréparable l'amputation des provinces équatoriales, et de les transformer en un marché britannique ayant pour unique voie de pénétration Souakim, port égyptien où l'Égypte a simplement le droit de dépenser trois millions de francs par an afin d'y entretenir un gouverneur et de hauts fonctionnaires londonniens.

Ce qui se passe aujourd'hui achève de les désillusionner.

La population qui vivait naguère du Soudan et nourrissait désespérément l'espoir de voir surgir plus fécondes que jamais les sources du trafic entre l'Égypte et le Soudan, poussa des cris de joie en apprenant que les Anglais marchaient résolument à la conquête de Khartoum... à l'aide du sang et des trésors de l'Égypte. Du même coup, les soupçons injurieux lancés par la presse indépendante contre l'esprit d'accaparement des Anglo-Saxons étaient réduits à rien, et les frontières du Khédiviat reculées au Bahr-el-Gazal..., pour le moins. Hourrah ! pour ce bon peuple humain, philanthropique, réparateur et tant calomnié !

Hélas ! le chemin de fer qui devait relier le Caire à Berber n'est pas même tracé et celui qui doit rapprocher Berber de Souakim est en voie de construction.

Si le chemin du Nil, cette immense artère naturelle qui relie le Khédiviat au Soudan égyptien, était resté fermé pour des raisons économiques ou autres, le chemin de fer Souakim-Berber aurait quelque raison d'être ; mais, non seulement le Nil est ouvert et son cours protégé jusqu'à Berber par des forces égyptiennes, mais, encore, une voie ferrée le côtoie sur la presque totalité de son parcours.

Que faut-il conclure ?

Que plus que jamais, les Anglais, qui sentent l'Inde frémissante échapper à leur joug odieux, veulent se créer un empire africain, à eux, bien à eux, et sans partage. Que le chemin du Nil, créé pour des nécessités militaires, restera une voie stratégique qui jamais ne transportera un *rall* d'ivoire, de gomme ou de plumes et que le Soudan, arraché à l'Égypte, sera rattaché à la mer Rouge, devenue lac anglais, par le chemin de fer Souakim-Berber-Khartoum.

Il ne reste aux ex-négociants soudanais que les yeux pour pleurer et à nous la certitude de n'avoir jamais pourtraicturé l'Anglais sous des couleurs trop noires.

La construction de ce chemin de fer de Berber à Souakim est vraisemblablement l'avant-dernier acte de la comédie soudanaise. La période des sages lenteurs et des tergiversations est passée et nous allons assister à l'épilogue préparé dès 1873. L'Angleterre va tenter le dernier effort pour ravir le Soudan à l'Égypte, en dépensant, à cet effet, de préférence à l'argent et au sang anglais, l'argent et le sang égyptiens.

Après avoir successivement répandu, puis démenti le bruit que la marche définitive de l'armée égyptienne sur Khartoum était prochaine, bruit destiné à masquer jusqu'au dernier moment les décisions de l'Angleterre, les autorités qui règlent les destinées de l'Égypte, ont donné, du jour au lendemain, l'ordre de partir.

Cette précipitation due, sans qu'il puisse s'élever un doute à cet égard, à la crainte de voir les missions françaises devancer les forces anglaises au Bahr-el-Ghazal, ne démontre-t-elle pas surabondamment combien erronés furent les bruits semés à Londres du massacre de la mission Liotard et Marchand ? Si, comme le racontait la presse anglaise, il n'était resté de cette mission que deux survivants pour aller raconter le désastre, si elle n'existait plus, le départ des troupes anglaises n'eût pas été décidé au Caire, du jour au lendemain. On n'exposerait pas, aussi imprudemment qu'on le fait, les forces anglaises et égyptiennes à un échec rendu possible par une telle précipitation.

La participation des forces anglaises à cette campagne est caractéristique. Il y a beaux jours que la presse

« londonnienne a bâti sur cette participation l'échafaudage des casuistiques arguments dont l'Angleterre compte se servir, quand le Soudan sera repris, pour prétendre que la présence de ses troupes et la dépense de son or ont fait cette province terre anglaise.

« Cet or dépensé, cette campagne faite en raison d'un consentement arraché à l'Égypte par force, sont une violation éhontée du jugement de la Caisse de la Dette, un mouvement tournant qui en renverse toutes les conséquences.

« Si les ministres égyptiens, subissant une illégale pression, ont décidé cette guerre, ils n'avaient pas le droit de détourner, pour la faire, des fonds affectés à de spéciales destinations. Le jugement dont nous parlons plus haut l'a bien établi.

« L'Angleterre, en amenant maintenant ses propres troupes, ce en quoi l'Égypte n'a pas été consultée, ce à quoi elle n'a pas consenti, engage implicitement le gouvernement égyptien dans une opération de compte à demi dont les aléas exposent la sécurité de ces fonds affectés, et cette opération est absolument violatrice de la loi de liquidation. Puisque l'Angleterre prétend faire l'avance de l'or nécessaire, c'est un prêt forcé à l'Égypte, à qui son état de tutelle interdit d'emprunter.

« Le gouvernement anglais se joue des Puissances signataires. Au lieu de prendre dans les caisses égyptiennes l'argent avant et pendant la campagne, il l'extorquerait après, si on le laissait faire.

« Mais les événements marchent ; et ce pourrait bien être par des faits qui n'ont aucun rapport avec la guerre du Soudan qu'une solution interviendra.

« Nous savons que, pour justifier la reprise de la campagne, on prétend que les Derviches, de poursuivis qu'ils sont, *ont l'intention* de se faire poursuivants.

« Cet argument de la crainte de l'invasion noire est cependant, depuis quinze ans, assez usé, et ne peut plus que faire rire. Mais si mauvais qu'il soit, il n'existe que celui-là pour expliquer l'acte fou, et on s'en sert. Personne, heureusement, n'est forcé d'y croire. » *(Journ. Égypt.)*.

Si les vues du gouvernement anglais étaient loyales, il ne se dépenserait pas en de telles arguties. Reprenant pour le compte de l'Égypte ses anciennes provinces, il n'aurait qu'à s'inspirer des circonstances pour réorganiser la conquête ; mais comme son intention de s'emparer, pour son propre compte, de ces riches provinces, n'a jamais fait de doute pour personne ; comme la presse anglaise l'a étalée au grand jour, en escomptant d'avance le résultat de « l'affaire », la marche, à partir de Berber, prend une dangereuse signification, et doit provoquer une vigoureuse protestation des Puissances intéressées en Afrique.

Mais quelques-unes de ces Puissances, les faibles, sont déjà terrorisées par les bonds du léopard britannique, et, de peur d'être dévorées, consentent à se faire ses complices. C'est ainsi que le Portugal est entré en pourparlers avec lui pour la cession de Laurençao-Marquez, dans le Mozambique. Les patriotes portugais ont protesté avec une extrême énergie contre un pareil projet, mais le gouvernement de Lisbonne finira, sans doute, par céder à la pression anglaise.

Depuis cinquante ans, l'Angleterre obtient de ce petit État tout ce qu'elle désire. Il lui fallait, pour faciliter « la construction de son transafricain, un point de débarquement à Beïra ; le Portugal a eu la faiblesse de l'autoriser à s'en servir. Il existe là une ligne de pénétration qu'elle ne rendra jamais. La bande de territoires de l'Est-portugais va passer dans les mains de l'Angleterre à qui ce Portugal, besogneux d'argent et enserré dans les plus graves difficultés politiques, ne peut rien refuser.

« Il faut ne pas perdre de vue que l'Angleterre prétend depuis longtemps avoir sur la baie de Delagoa un droit de préemption. Elle énonce la chose, et c'est une raison majeure de n'y pas croire. Ce droit n'existe que dans l'imagination de son gouvernement.

« Mais, en constatant cette reprise d'action en ce point, les Puissances européennes se décideront-elles à s'apercevoir que nous touchons au moment psychologique où la question d'Égypte va s'étendre et se transformer en question africaine ? »

Les Puissances ne seront pas à court d'arguments. Elles pourront même en recueillir à Londres où quelques Anglais courageux n'hésitent pas à condamner hautement les procédés de leur gouvernement. C'est ainsi que

M. John Morley a osé dire récemment, dans un discours électoral :

Notre triomphale entrée à Berber ne change rien aux arguments que nous avons fait valoir dès le début contre cette marche en avant au Soudan. On essaya de la justifier par le prétexte de la « délivrance » de la garnison italienne de Kassala : c'était une raison pour rire. Supposez-vous, dès lors, que les Puissances étrangères qui suivent d'un œil soupçonneux notre politique égyptienne n'aient pas constaté l'irréalité, l'insincérité des motifs que nous alléguions ? Et faut-il s'étonner si le gouvernement britannique s'est acquis au dehors la réputation de manquer de bonne foi, si la coutume de masquer, sous tel ou tel prétexte, notre appétit de conquête, affaiblit notre autorité dans les conseils d'Europe ?

M. John Morley ajoute que cette conduite constitue une véritable provocation à l'égard des Puissances. Nous n'avons jamais dit autre chose.

CHAPITRE XII

Considérations générales

Les journaux égyptiens qui font opposition à l'Angleterre, prennent généralement pour thème de leurs
polémiques les torts matériels et moraux causés à la
population égyptienne par l'occupation abusive du
pays par l'Angleterre. La presse française et presque
toute la presse européenne ont emboîté le pas, et le
monde entier est maintenant renseigné au sujet des
griefs des fellahs.

Assurément l'Angleterre manque vis-à-vis d'eux aux
devoirs élémentaires de l'humanité; nation chrétienne,
elle semble avoir pris à tâche de démontrer à un peuple
musulman, que la morale de l'Évangile est inférieure
à celle de Coran; nation fière de sa civilisation, elle
s'étudie à abrutir de plus en plus un peuple déjà affaibli
par deux mille cinq cents ans de servitude.

Les philanthropes de tous les pays ne sauraient donc
trop flétrir les cruautés des Anglais, leurs voleries,

leurs déprédations de toutes sortes, tous crimes accomplis systématiquement contre de pauvres gens qui n'ont en rien mérité un si injuste traitement. Ils peuvent même verser sur les malheurs égyptiens, les larmes que n'arrachent point de leurs yeux les infortunes autrement poignantes des Indiens, des Irlandais et généralement de tous les êtres humains qu'une affreuse destinée assujettit à l'implacable et égoïste Albion.

Cependant, je persiste à penser que la question égyptienne doit être portée plus haut ; que, s'il ne faut pas perdre de vue les griefs des Égyptiens, il faut placer au premier plan les griefs de l'Europe, griefs autrement graves, puisque l'injustice anglaise ne menace pas seulement le bonheur et l'indépendance des fils de Misraïm, mais le bonheur du monde entier. Je pense aussi qu'il est plus utile, en vue de la solution de la question, de rappeler sans relâche aux Anglais qu'ils restent en Égypte sans droit, qu'ils s'avancent vers le Soudan sans droit, qu'en restant en Égypte et s'avançant vers le Soudan, ils violent leur propre parole, ils foulent aux pieds leurs engagements solennels, ils outragent toutes les Puissances européennes qui ont garanti, par leurs signatures, cette parole et ces engagements.

Quand l'opinion publique, et plus particulièrement l'opinion publique française, sera bien convaincue que le gouvernement anglais est décidément un gouvernement sans bonne foi, quand le monde aura touché du doigt qu'un effort est nécessaire pour l'arrêter dans la voie des usurpations indéfinies, la tâche de la diplomatie sera beaucoup simplifiée et une guerre formidable sera peut-être évitée.

Je ne m'attacherai donc à relever des griefs égyptiens que ceux qui touchent de plus près les intérêts généraux et je ne veux signaler que des vexations dont les indigènes sont quotidiennement l'objet, que celles qui ont pour but manifeste de les provoquer à une révolte plus authentique que celle d'Arabi, afin de procurer à leurs oppresseurs un nouveau prétexte de resserrer les liens de l'oppression.

Un règlement de police ordonne, par exemple, aux indigènes de porter aide et secours aux soldats anglais qu'un excès d'ivresse a fait rouler dans le ruisseau, de les ramasser et de les transporter gratuitement à leur caserne sur une civière. Les passants qui laissent les ivrognes cuver leur vin sont punis comme d'un crime de lèse-Angleterre.

Les Égyptiens s'étant permis d'acclamer leur souverain légitime, le sympathique Abbas-Hilmi, à son retour d'un voyage, lord Cromer a imaginé de les punir de leur loyalisme, en les forçant à héberger toutes ses armées de terre et de mer, pendant des mois. Cette pénitence infligée en expiation d'un acte louable, a coûté à ces malheureux plus d'un million.

Lord Cromer a aussi institué un Tribunal spécial, — en violation d'ailleurs des traités internationaux, — chargé de punir les insultes dont les soldats de l'armée anglaise auraient à souffrir. Ce Tribunal est exclusivement composé d'Anglais et il ne prononce que des peines arbitraires, y compris la peine de mort. Ses jugements sont sans appel et exécutoires sur-le-champ. C'est pire qu'une Cour martiale; c'est un Tribunal révolutionnaire, où la fantaisie, froidement et ironiquement féroce de certains officiers anglais, se donne libre carrière.

Qui ne voit que ces mesures, qui ne sont inspirées ni par l'état parfaitement paisible du pays, ni par le caractère bien connu des Égyptiens qui ont la patience de se taire devant ceux qui les frappent et qui vivent dans l'espérance éternelle de la justice divine, qui triomphe quand même, ont pour but de pousser à bout les victimes ?

Ce ne sont pas des mesures répressives, ce ne sont pas des mesures préventives, ce sont des provocations odieuses.

Il est vrai que ces provocations se sont heurtées jusqu'à présent à une impassibilité de fatalistes, qu'aucune échauffourée ne s'est encore produite et que les red-jackets n'ont pu trouver une occasion de donner le plus petit coup de baïonnette et de sauver, une fois de plus, le vieux pays des Pharaons. Mais enfin il n'est rien de tels que les poltrons révoltés pour commettre les pires excès, et c'est une scélératesse de la part des Anglais de pousser les indigènes aux dernières extrémités.

Les Anglais espèrent, sans oser se l'avouer à eux-mêmes, que le Khédive actuel aura l'imprudence d'exciter lui-même ses sujets à la révolte. Aussi ne cessent-ils de le faire grossièrement injurier dans leurs journaux ou dans des libelles rédigés par des traîtres et des forbans à leur solde. J'ai raconté ailleurs que le Khédive ne pouvait pas même obtenir un semblant de justice, en réparation de ces vilenies. Mais cette tactique échoue comme l'autre. Abbas-Hilmi-Pacha proteste contre les outrages, pour sauvegarder sa dignité, mais il a le cœur trop haut placé pour intéresser tout son peuple à ses propres querelles, pour l'engager, sans armes, dans une aventure qui serait noyée dans le sang ; pour faire, en un mot, le jeu de ses pires ennemis.

Incapable d'obtenir justice pour lui-même, Abbas-Hilmi-Pacha ne peut évidemment songer à l'obtenir pour ses sujets. Il attend que le grand soldat du droit sonne le signal des éclatantes réparations, et rende à la lumière les millions d'hommes qui grouillent sous son sceptre, forcément entortillé des couleurs anglaises.

Il n'a qu'à regarder autour de lui, à constater les progrès matériels accomplis depuis cent ans, pour se persuader que la nation égyptienne ne peut pas et ne doit pas périr, et pour attendre, avec patience et confiance, l'événement prévu qui donnera à la masse croupissante la vie intellectuelle et morale, à défaut de laquelle la vie purement matérielle ne diffère guère de celle des brutes.

Il a le droit d'être fier de ces progrès. Le dernier recensement porte la population égyptienne à près de dix millions d'habitants, — en chiffres exacts à 9 millions 731,000. C'est une augmentation de près de trois millions depuis 1882. Mais il est utile de faire remarquer que cette progression est proportionnellement inférieure à celle qu'on a enregistrée de 1800 à 1882. Bonaparte a rencontré à peine deux millions d'habitants dans le Delta, quand ses soldats vinrent y déployer le drapeau de la régénération universelle. On en comptait 6,814,000 en 1882. L'accroissement annuel, pendant cet espace de temps, a été de 3,14 0/0 ; il n'est plus, depuis lors, que de 2,76 0/0. Comme l'influence française s'est exercée, soit directe soit indirecte, presque exclusivement sur le pays, jusqu'à la bataille de Tel-el-Kébir, il est permis d'en conclure que cette influence a été plus bienfaisante que celle de l'Angleterre, même au point de vue inférieur du bien-être.

Qu'on n'objecte pas qu'en fait d'accroissement de population, il est plus facile d'arriver de 2 à 6 que de 6 à 9. Ce raisonnement est seulement applicable aux terres qui ont atteint le maximum de leur peuplement. Mais les rives des embouchures du Nil sont si fertiles qu'elles sont loin, malgré leur étroitesse, de regorger de vie humaine. Elles peuvent porter et nourrir, sans se fatiguer ni s'épuiser, plus du double des habitants qui y vivent actuellement. Quand le lieutenant d'Omar, Amrou, en fit la conquête, il estimait la population à plus de « vingt millions d'habitants, et les détails précis qu'il envoyait au Khalife témoignent que, si le chiffre était peut-être exagéré, du moins cette population d'alors était beaucoup plus dense que celle d'aujourd'hui.

« L'Égypte devient le centre de population le plus considérable, le vrai foyer d'appel. de toute une immense région qui comprend l'Europe du Sud, l'Asie de l'Ouest, l'Afrique du Nord. En 1832, la vallée du Nil avait déjà une population de 202 habitants par kilomètre carré de terre. Elle en compte aujourd'hui 293, c'est-à-dire que l'humanité y fourmille littéralement. Or, la France n'a que 71 habitants et la Belgique, jusqu'ici le plus dense des États du monde, environ 207 au kilomètre carré.

« A égale distance des quatre ou cinq grands foisonnements d'hommes à la surface du globe (agglomérations artificielles créées par l'industrie dans l'Europe du Nord-Ouest et l'Amérique orientale, grouillements spontanés des vallées du Gange et du Yang-tsé-Kiang), celui de la vallée du Nil a autour de lui les plus vastes espaces libres. Il exerce son attraction du Niger à l'Indus, de la Scythie aux grands lacs. Il n'y a d'autres limites à son accroissement que celles de la surface des terres arrosables par le Nil.

« Cette attirance de l'Égypte, qui fut de tous les temps, continue de se manifester. Aujourd'hui, comme au temps d'Hérodote, elle est un aimant pour les peuples qui l'entourent. De l'Europe du Sud lui sont venus les 20,000 Italiens, les 40,000 Grecs que le recensement révèle. La colonie française n'a pas changé depuis quinze ans, à peine quelques centaines en moins, à cause de l'absence de notre flotte qui, en 1882, était dans les eaux égyptiennes. Les Français sont encore plus de 14,000 en Égypte et détiennent les plus gros intérêts : maritimes par le canal de Suez, financiers par la Dette et par de puissantes banques — le Crédit Lyonnais, par exemple, — industriels par les raffineries, les Compagnies du gaz et, encore récemment, des eaux... La colonie anglaise a doublé. On lui attribue un chiffre total de 19,557 âmes, dont il faut retrancher 6,500 Maltais, 5,000 soldats, 2,000 matelots dans les ports, puis des Hindous. Cela ramène le total des Anglais à moins de 5,500. Ajoutez 7,000 Autrichiens, 3,000 Russes, 1,200 Allemands, et voilà la part de l'Europe dans la population étrangère de l'Égypte. Elle est fort importante à retenir, à cause des contestations d'intérêts dont elle est l'origine.

« De l'Afrique du Nord vient constamment et obscurément se confondre avec la population indigène toute une basse couche ethnique. L'immigration soudanaise est comme un filet constant d'eau trouble qui sourd au creux du fleuve. De l'Asie, enfin, on calculait, dès 1846, que l'immigration syrienne, arabe et turque avait donné à l'Égypte près d'un million d'habitants dont les enfants, plus heureux que ceux des Européens, continuent à se multiplier sur son sol.

« Qui a l'Égypte a donc non seulement le carrefour de l'ancien monde, mais le pôle attractif d'une partie de ses populations. » *(Le Temps.)*

La nature a tout fait dans le Delta proprement dit. Si

l'industrie humaine appliquait à toute la vallée du Nil les procédés que nous enseigne la nature ; si les vastes solitudes qui l'entourent, et que la sécheresse actuelle condamne à une quasi-stérilité, étaient arrosées artificiellement par le fleuve inépuisable, on augmenterait dans des proportions énormes la surface cultivable. Que ne peut-on espérer d'une terre qui nourrit facilement trois hommes à l'hectare et qui pourrait en nourrir dix ? Sur ce thème on peut baser les calculs les plus fantastiques et prédire qu'il se lèvera un jour où plus de trois cents millions d'êtres humains se développeront à l'aise depuis le lac Albert-Nyanza jusqu'à Damiette et Alexandrie.

Voilà les perspectives que doit envisager l'Europe quand se posera définitivement cette question : À qui sera l'Égypte ?

Comme les Européens, les hommes de race blanche, pour mieux dire, s'étiolent vite et prolifient peu sous son climat trop chaud, on peut prédire aussi que la majeure partie de cette population se rattachera à la race de Misraïm, dont les qualités de reproduction sont extraordinaires.

Les Anglais, pas plus que les Français, les Allemands ou les Russes, ne doivent songer à coloniser l'Égypte, au sens étymologique du mot. Les Anglais penseront à exploiter la terre et à abrutir ses habitants, comme ils ont exploité l'Inde et abruti les Hindous. Les autres penseront à développer ses moyens agricoles et à instruire et à civiliser des tribus ignorantes.

Pour remplir cette mission, la seule que la Providence ait dévolue aux races supérieures, en les appelant les premières aux lumières de la vie morale et à la dignité de l'indépendance, il est clair que les Européens auront besoin d'un point d'appui.

Le fameux principe d'Archimède n'est pas seulement vrai en mécanique. Il est nécessaire d'en faire l'application en politique, si l'on ne veut se dépenser en inutiles efforts.

Ce point d'appui le trouveront-ils en Abbas-Hilmi-Pacha, Khédive actuel d'Égypte.

Son éducation et les épreuves qu'il a subies jusqu'à ce jour ont développé chez ce jeune prince une fermeté et une dignité de caractère qui sont une garantie de sa sagesse dans l'avenir, lorsque les événements l'auront affranchi du joug de la tyrannie brutale qui fait, à l'heure présente, de son pouvoir un vain mot et paralyse ses meilleures intentions.

Sans vouloir donc m'inscrire en faux contre la haute renommée d'intelligence et de courage que s'est acquise le jeune Abbas, je suis d'avis qu'il serait d'une sage prévoyance de ne pas abandonner entièrement à la discrétion de son entourage encore peu expérimenté, l'avenir de la vallée du Nil, enfin dégagée des ténèbres où elle est restée enveloppée plus de vingt-cinq siècles.

Soustraire le Khédive à la tutelle des Anglais serait bien. Le soumettre temporairement à la protection du reste du monde intéressé à la prospérité de l'Égypte et au bonheur des Égyptiens serait mieux. Au lieu d'être le théâtre de guerres futures qui seraient d'autant plus sanglantes que la proie à conquérir paraîtrait de plus en plus belle, l'Égypte deviendrait le pays neutre par excellence, celui où régnerait l'éternelle paix.

Les Égyptiens n'ont, du reste, à l'heure actuelle, pas d'autre alternative : ou la neutralisation de leur pays avec la garantie de toutes les Puissances, ou le protectorat officiel de l'Angleterre, se transformant, peu à peu, en domination absolue, sans espérance de retour à une demi-indépendance.

Les faits parlent assez haut d'eux-mêmes. L'occupation anglaise est déjà désastreuse pour l'Égypte; le protectorat serait la cause de sa ruine, et la domination absolue équivaudrait à son anéantissement.

« En vain des touristes mal renseignés essayent de chanter les louanges du régime actuel parce qu'ils ont passé deux ou trois saisons « sous le climat sans rival » de l'Égypte; les faits, dans leur navrante crudité, disent le contraire; et les paroles d'amis complaisants n'auront pas plus d'effet que n'ont eu celles qui, à l'occasion de l'ouverture du canal de Suez ou de la première d'*Aïda*, faisaient l'éloge du règne d'Ismaïl-Pacha. »

Tous les abus reprochés à Ismaïl-Pacha, les Anglais les commettent et parfois les amplifient.

« La loi de Liquidation est plusieurs fois violée et les règlements sont inspirés de l'arbitraire : Zobheir-Pacha, ancien gouverneur du Soudan, est appréhendé chez lui et séquestré pendant de longues années à l'autre bout de la Méditerranée sans qu'on n'ait jamais su de quel crime de haute trahison ou de droit commun il était, non pas accusé, mais simplement soupçonné; Aly-Pacha Chérif, président du Conseil législatif, arrêté sur la voie publique, est obligé de se faire réclamer par une Puissance étrangère alors que (c'est navrant à dire) le drapeau britannique flotte sur la citadelle du Caire; Wassif-Pacha est maintenu en arrestation malgré les protestations du procureur général. Et toutes ces arrestations n'aboutissent ni à une accusation précise, ni à une condamnation, pas même à une ordonnance de non-lieu, parce que toutes sont entachées d'arbitraire. L'arbitraire..... ne règne-t-il pas partout? N'a-t-on pas dépensé vingt-cinq millions en travaux publics sans avoir jamais rendu aucun compte?

« Il est donc indiscutable que le régime actuel pour les Égyptiens, au moins, ne diffère pas de beaucoup des précédents. Ce régime n'exécute plus les fellahs à l'ombre et dans le mystère, ni ne leur verse des tasses de café soporifique; nous convenons que, sur ce point, les mœurs sont adoucies bien qu'elles soient encore un peu cruelles, puisqu'on peut envoyer à la mort les indigènes sur un simple ordre auquel il ne manque, pour être un jugement, qu'une loi déjà promulguée. N'est-ce pas là le bilan de la situation actuelle? » (*Journal Égyptien.*)

La proclamation de l'indépendance sans contrôle d'Abbas-Hilmi modifierait-elle, en quelque manière, cet état de choses, en dépit de l'éducation européenne de ce prince ? La restauration officielle des droits du Sultan sur l'Égypte, pure fiction diplomatique qui n'a d'autres effets que d'augmenter de quelques millions la liste civile du Sultan Abdul-Hamid, rétablirait-elle l'ordre et la justice là où règnent le gâchis et l'iniquité ? Il faut n'avoir jamais voyagé en Turquie pour entretenir sincèrement pareille chimère.

Seules les Puissances continentales d'Europe, d'accord avec l'Angleterre, si celle-ci consent à faire cause commune avec elles, peuvent, en contrebalançant mutuellement leur action, exercer une influence salutaire, laisser au Khédive sa part de pouvoir, diriger et contrôler ce pouvoir de telle façon que ni lui ni une puissance quelconque ne puisse se mouvoir qu'en vue du bien général.

Je place en tête de ces Puissances la France, la Russie et l'Allemagne, parce que leurs intérêts en Égypte priment visiblement les intérêts de toutes les autres, et parce que, réunies et unies, elles disposent de forces si imposantes que nul au monde ne serait tenté de s'opposer à leur volonté nettement formulée. Mais elle est loin de tout homme de bon sens et de loyauté la pensée de vouloir repousser du concert les nations moins favorisées du sort qui ont des droits particuliers à sauvegarder dans la vallée du Nil.

Les dix-sept Puissances qui, depuis de longues années, entretiennent des consuls au Caire et à Alexandrie, conservent le droit de faire entendre leur voix.

La Grèce, on l'a vu plus haut, compte plus de 40,000 de ses nationaux en Égypte. Elle doit garder sur eux ses droits de protection et de police, et nul, sans doute, ne prétend l'en spolier. Malheureusement, les derniers événements ont montré que les Grecs modernes sont destitués des vertus guerrières qui avaient rendu leurs ancêtres arbitres du monde. La Grèce, par sa faiblesse, par sa situation géographique, par sa religion, est la cliente de la Russie et de la France, et elle est destinée à se traîner à leur remorque.

On a vu aussi que le Portugal est sans force, et son peuple, qui fut l'initiateur des grandes et fécondes découvertes géographiques, qui le premier a osé aborder, sans frémir, la *Lybia portentosa* des anciens, est désormais déchu. Condamné par la fortune, peut-être par la trahison de quelques-uns de ses rois, à ne plus se mouvoir que dans l'orbite de l'astre anglais, le mieux qu'on puisse faire en sa faveur, c'est de le soustraire à un vasselage déshonorant et de lui garantir la libre possession de son domaine du Mozambique. Le Mozambique est situé sur la route du Cap au Caire. Il importe à l'équilibre des forces africaines que les Portugais en demeurent les maîtres incontestés.

Parmi les petits peuples intéressés à l'avenir de l'Afrique la Belgique reste un facteur non négligeable. Le peuple belge est riche; il est vaillant; son armée, parfaitement disciplinée, est habituée aux marches pénibles de l'Équateur. Le maintien intégral de l'État indépendant du Congo, sous la haute direction du roi Léopold, serait une digue formidable opposée à l'insatiable ambition anglaise. Cet État, qui embrasse une grande partie du bassin du Congo, depuis le large estuaire du fleuve de ce nom jusqu'aux lacs Tanganika et Albert, commande à l'Est les sources du Nil. L'armée belge peut arrêter, sans le secours d'aucune autre nation, les tentatives audacieuses de l'Angleterre, demain maîtresse de ces parages, pour étendre son domaine jusqu'à l'Atlantique.

Il est vrai qu'une sorte de *consortium* a été établi entre le roi des Belges et le gouvernement anglais, par l'intermédiaire de Stanley, pour la cession à l'État du Congo d'une position située sur le Haut-Nil.

Mais qui ne sait que cet arrangement, datant de 1888, est devenu caduc, par suite de la convention anglo-allemande du 1er juillet 1890? Qui ne sait aussi que la Belgique, en cas de conflagration générale, serait obligée de suivre l'impulsion de ses deux voisines continentales, la France et l'Allemagne, en dépit des sympathies bien prononcées du roi Léopold II pour sa tante, la reine Victoria? Le gouvernement belge a le sens des intérêts patriotiques de la nation plus que son roi étranger, et nul doute que l'Angleterre ne rencontre, de ce côté, un ennemi de plus.

D'ailleurs, quand l'État libre du Congo s'est fondé au moyen de capitaux internationaux, la France s'est réservée sur son vaste territoire un droit de préemption en prévision de l'échec de l'Administration belge.

Il peut se faire que la France soit appelée à exercer ce droit, et il faut présumer qu'au moment psychologique, le gouvernement républicain ne renouvellera pas la faute commise en 1875, par le duc Decazes, à propos des actions du canal de Suez que le Khédive offrit à la France avant de les offrir à l'Angleterre.

Ce jour-là, la France serait entièrement substituée à la Belgique, et ses devoirs seraient augmentés en proportion de ses droits. Les uns et les autres consisteraient à veiller à la conservation d'un empire de plus de 500 millions d'hectares, en y comprenant l'Algérie, la Tunisie, les bassins du Sénégal et du Niger, le Congo français, la Côte d'Ivoire et le Dahomey.

C'est trop d'impérieuse arrogance de la part de l'Angleterre que de s'imaginer qu'elle agira à sa guise sur le Continent noir. Quand même elle s'emparerait de tout le bassin du Nil elle se heurterait ensuite à des difficultés dont elle a pu récemment mesurer l'étendue, par l'échec lamentable de l'expédition Mac-Donald.

Cette expédition constituait la force la plus considérable qui eût jamais été vue dans le centre de l'Afrique. Elle comportait 10 officiers anglais, 300 Soudanais, une escorte de soldats indiens, un grand nombre d'indigènes, des mitrailleuses, un bateau démontable et enfin un grand nombre de chariots.

Le major Mac-Donald venait de quitter les bords du lac Baringo et il annonçait qu'il allait lancer un bateau sur le lac Rodolphe, sur le bord duquel il établirait son quartier général. Il semble que tout ait bien marché jusqu'au moment où les Soudanais refusèrent d'avancer.

Mais ces Soudanais ont refusé d'avancer comme refusent toutes les brutes trop maltraitées, et c'est constamment le cas des nègres conduits par des officiers anglais.

Le major Mac-Donald avait eu la témérité de recruter ses hommes parmi les nègres de l'Ouganda, qu'il avait fait naguère désarmer, en les plaçant devant une batterie de mitrailleuses chargées.

Ces hommes se sont vengés à la première occasion favorable, et ce n'est ni la faute de la France, ni la faute du genre humain tout entier si les Anglais encourent, partout où ils passent, l'inimitié de tous les hommes.

L'Angleterre, déjà insupportable aux noirs, est également en butte à l'hostilité encore sourde des Abyssins ; d'un moment à l'autre, cette hostilité peut se traduire par des faits.

Les Anglais ont, en effet, abusé du sentiment chevaleresque des Abyssins, qui les porte à se déclarer solidaires de tous les chrétiens, pour les décider à combattre les Derviches à Kassala, en 1888, et sur les bords du Haut-Nil, à Métemneh, en 1879, sans subsides, pour le seul honneur de mettre à mal des infidèles. La seconde expédition s'est terminée par la mort, sur le champ de bataille, du roi Jean. La mort de ce prince a failli jeter le pays tout entier dans l'anarchie, et les Abyssins, qui n'ont pas abjuré l'esprit de défiance propre à tous les

Africains, ne sont pas persuadés que leurs alliés, les Anglais, soient parfaitement innocents de cette mort qui s'est produite de façon mystérieuse.

Depuis que le vaillant et sage Ménélick a affirmé son génie, aussi bien dans la guerre que dans l'administration de son royaume, l'Angleterre s'est présentée de nouveau aux Abyssins, la bouche pleine de bonnes paroles et de promesses. Son envoyé spécial, M. Renell Rodd, aurait signé avec le Négus un traité assurant de grands avantages à celui-ci. Ce traité n'est pas publié et on ne peut préciser que par conjectures quels sont ces avantages. Les diplomates généralement bien informés prétendent que Ménélick aurait obtenu la permission d'étendre son empire jusque sur la rive droite du Nil, depuis l'Ouganda, au sud, jusqu'à Khartoum, au nord. C'est une bande de terrain de 1,300 kilomètres de longueur, en pays barbare.

S'il en est ainsi, l'Angleterre n'aurait pas fait un beau cadeau. Ménélick est assez puissant pour s'en emparer, sans permission, quand il le voudra, et, d'après la théorie anglaise, il a le droit de le faire, puisque le Soudan est, désormais, terre *nullius*.

Mais l'Angleterre, en donnant ainsi ce qui ne lui appartient pas ou ce qui n'appartient qu'à l'Égypte, espère enchainer la reconnaissance de Ménélick. Le Négus deviendrait son gendarme sur un vaste espace où, sans cet auxiliaire, elle serait obligée de disséminer, par conséquent d'affaiblir, ses propres garnisons.

L'Angleterre se promet, en même temps, ou du moins paraît se promettre, de la combinaison, un autre résultat aussi intéressant ; celui de jeter, en travers de l'expédition Marchand dont on connaît, à Londres, la présence au dixième degré de latitude, de jeter, disons-nous, un obstacle, que l'Angleterre suppose infranchissable, une barrière que cette expédition rencontrera en quelque point du Nil qu'elle arrive, puisque la ligne s'étend sur 1,300 kilomètres.

Cet obstacle, par lequel la politique anglaise a cru arrêter la France, serait efficace peut-être, si Ménélick était disposé à faire le jeu de l'Angleterre, hypothèse improbable si l'on envisage la défiance qu'il lui a manifestée en demandant que ses frontières fussent garanties par un pacte international.

La frontière, que l'Angleterre affirme avoir été fixée par un traité, n'a pour le moment aucune sanction. Rien ne prouve qu'elle agrée à Ménélick ; le traité n'existe peut-être même pas, et pourrait bien être une invention destinée à influencer la France dans sa marche à travers l'Afrique.

Il est probable que d'ici peu les Puissances intéressées à cette délimitation seront appelées à intervenir.

En cédant à Ménélick un territoire qu'elle n'a pas encore conquis, l'Angleterre prépare un nid à conflits et des occasions éventuelles d'opérations militaires dans un pays limitrophe de l'Ouganda, à quelques cents kilomètres du passage qu'elle veut effectuer, de gré ou de force, à travers l'État du Congo, pour arriver au Tanganika.

Mais il se pourrait bien que, cette fois, l'Angleterre ait fait fausse route et que son machiavélisme se retournât contre elle. Qui pourrait assurer, en effet, qu'au lieu de l'amie dupée dont elle croit être sûre, l'Angleterre ne rencontre pas dans l'Abyssinie l'ennemie la plus redoutable qui puisse se dresser sur son chemin dans ces lointaines régions?

Qui peut assurer aussi que l'Italie, enfin désabusée, non plus de sa mégalomanie — le désastre d'Adoua semble l'en avoir bien guérie — mais de la désastreuse alliance anglaise, ne comprenne enfin que ses intérêts lui conseillent de rompre une amitié dont elle supporte toutes les charges sans en recueillir la moindre satisfaction?

Ne se rencontrera-t-il point un de ses hommes d'État à l'esprit avisé, pour démontrer au peuple italien que l'Angleterre l'a berné odieusement en lui faisant des cadeaux sans valeur et en la précipitant dans des aventures d'où elle ne pouvait, en tout état de cause, retirer qu'amertumes et déboires.

L'Angleterre avait attribué à l'Italie une bande de la côte africaine, s'étendant depuis le cap Kasar jusqu'à Obock, soit une langue de rochers de 1,500 kilomètres de longueur.

Rien ne peut donner une idée de ce pays désolé. C'est un chaos volcanique épouvantable, où quelques arbres rabougris sont seuls vainqueurs de la sécheresse, où la chaleur atteint souvent 45° à l'ombre.

Il est vrai que l'Angleterre avait singulièrement illusionné l'Italie en lui faisant entrevoir la possibilité de s'emparer de la Suisse africaine, pays sain et fertile, comme si l'Abyssinie était à prendre, et comme si l'Angleterre n'aurait pas cherché à la prendre pour elle-même, si pareille conquête n'eût été manifestement impossible.

Le récit des différentes campagnes entreprises par l'armée italienne en vue de réaliser un programme irréalisable, rappellerait des souvenirs trop cuisants pour l'amour-propre des descendants des Scipions et des Césars, pour que nous soyons tentés de l'entreprendre. Ces souvenirs, vieux à peine de deux ans, sont présents à toutes les mémoires, et l'on se souvient aussi que dans les campagnes diplomatiques, notamment à propos de l'interprétation du traité d'Ucciali, l'Italie n'a pas toujours brillé par sa bonne foi, tant le mauvais exemple anglais est contagieux.

Aussi bien je ne m'occupe ici de l'Italie qu'à l'occasion de ses rapports avec l'Angleterre dans la vallée du Nil, et il est trop facile de prouver qu'elle n'a jamais cessé, un instant, d'être le jouet de son alliée qui lui a fait tenir, en pure perte, un rôle de fantoche terminé par un rôle de jocrisse.

Quand Souakim fut réellement menacé par la présence des Derviches à Kassala, l'Angleterre envoya contre eux, une première fois, les Abyssins, en 1889. Puis ce fut, en 1893, le tour des Italiens de protéger dans ces parages, la fortune en péril de l'Angleterre. Plus de 400 Italiens furent massacrés et de grosses sommes furent dépensées, mais Kassala fut de nouveau dégagée de l'encombrante présence des mahdistes.

Enivré par ce succès facile, quoique sanglant, le général Baratiéri fut comme Guzman; il ne connut plus d'obstacles, et le voilà qui s'achemine vers le Nil, à travers le désert. L'Angleterre suscita alors contre lui la révolte des Bathagos et ceux-ci l'obligèrent à rétrograder. Ce fut là le premier échec de Baratiéri qui n'en devina pas la cause. L'Angleterre voulait bien utiliser les efforts de l'Italie, mais elle était bien résolue à ne pas lui accorder la récompense convoitée, qui était de s'établir sur le Nil. Elle lui proposa d'établir, *ne varientur*, leurs frontières respectives dans ces régions.

La convention du 5 mai 1894 compléta les conventions précédentes du 15 avril et du 24 mai 1891.

La colonie italienne recevait, sur le papier, un accroissement considérable, de sorte que les Italiens considérèrent cette convention comme un succès diplomatique, sans songer qu'ils étaient *ipso facto* éliminés du bassin du Nil vers le nord et vers le sud et qu'ils se trouvaient face à face avec Ménélick. Ils croyaient, il est vrai, avoir facilement raison du roi des rois d'Ethiopie, et ils voyaient déjà leurs armées, maîtresses des hauts plateaux abyssins, descendre en bon ordre dans les plaines de Sennaar. C'était un beau rêve; ce ne fut qu'un rêve.

Ils se réveillèrent à Adoua, et ils commencèrent à comprendre, mais un peu tard, à quel point ils avaient été les jouets de la mauvaise foi de leurs prétendus amis.

Les Italiens n'en étaient pas moins constitués les gardiens de Kassala, où Ménélick ne veut rien prétendre, mais où les occupants sont, depuis trois ans, en butte aux excursions des Derviches.

Cependant la mesure est comble et l'Italie vient de rendre cette place à une garnison égyptienne, c'est-à-dire à l'Angleterre.

« L'Italie a dû occuper Kassala malgré elle, et bien plus longtemps que ne le comportaient ses intérêts; elle y a dépensé un peu de sang et beaucoup d'argent; et elle doit être indemnisée des frais qu'elle a faits. »

Que s'est-il passé dans les récentes conférences qui ont eu lieu entre lord Cromer, les ministres et conseillers égyptiens, et l'attaché militaire de l'Italie en Égypte?

D'après un bruit qui s'accrédite de plus en plus, le gouvernement anglais imposerait à l'Égypte la charge de rembourser à l'Italie l'indemnité qui lui est due.

« Cette décision, représentant à la fois une décharge de responsabilité pour l'Angleterre et une iniquité, il y a bien des chances pour que le bruit qui court qu'elle est déjà prise soit exact », dit à ce sujet le *Journal Égyptien*. Mais il y a des chances aussi pour que l'Italie ne soit pas payée du tout.

« Les événements ont appris à l'Italie quel souci de ses intérêts prenait l'Angleterre qui, au lendemain de ses désastres, ne songeait qu'à arriver bonne première dans la capitale de l'Abyssinie pour chercher à obtenir à son profit exclusif, la priorité, la prééminence dans le courant de relations que la situation actuelle va amener l'Abyssinie à ouvrir avec les Puissances d'Europe.

« Après avoir, au nom de l'amitié, fait à l'Italie le dangereux cadeau de Massaouah, l'Angleterre, si elle avait réellement, loyalement l'intention d'aider cette nation amie à sortir des embarras où elle était plongée, eût dû, non envoyer une mission anglaise seule, mais, après entente préliminaire, une mission anglo-italienne. Celle-ci aurait dû être annoncée au Négus qui l'eût reçue, et l'influence britannique pouvait, là, s'exercer au grand profit des Italiens, puisque ceux-ci n'avaient pas conclu encore une paix définitive, puisque beaucoup des questions accessoires se rattachant à la signature de cette paix n'avaient même pas encore été mises sur le tapis.

« Non, l'Angleterre a agi seule; l'intérêt italien n'a pas, même un seul instant, été pris par elle en considération. Le traité qu'elle a signé avec Ménélick (traité que les Puissances seront appelées à examiner), témoigne de la seule et unique préoccupation de créer une frontière, — celle du Nil, — qu'elle pourra en partie se dispenser de défendre, puisque le riverain de l'autre bord du fleuve, forcé de veiller sur la sienne, tiendra en respect les turbulentes races des deux rives et serait, de fait, le gendarme de l'Angleterre tout le long du Nil. » (*Journal Égyptien.*)

Je répète que je ne crois pas Ménélick disposé à jouer ce rôle de gendarme.

Quant à l'Italie son sort est entre ses mains et c'est à elle qu'il convient de voir si ce n'est pas assez de 500 millions de francs dépensés, de 20,000 de ses enfants massacrés, de son prestige anéanti pour le grand profit de l'Angleterre.

En face des Puissances continentales il est évident que son armée ne compterait pas beaucoup plus que celle de la Grèce en face de la Turquie.

Libre à elle de décider si, après avoir sacrifié ses rêves colonisateurs, elle ne va pas encore sacrifier sa flotte de cuirassés pour la plus grande gloire de sa décevante alliée.

Maintenant que le misérable Crispi a sombré sous le mépris public et qu'un ministère pondéré a succédé à un ministère échevelé, il y a lieu de supposer que les Italiens se rendent un compte plus exact de leurs intérêts et qu'ils ne voudront pas encourir des responsabilités qui compromettraient même leur unité nationale.

CHAPITRE XIII

Du Cap au Caire. — Difficultés de la route.

L'Angleterre ne s'est pas rebiffée trop vivement contre les échecs récents de sa diplomatie en Extrême-Orient : son attitude signifie clairement : je sacrifierai tout pour garder le Nil, même mes espérances sur l'empire chinois, même Hong-Kong et Shangaï, même l'Inde, même l'Australie et ses dépendances, parce que l'Inde, la Chine et les îles de l'Océanie sont appelées, dans un avenir plus ou moins éloigné, à recouvrer ou à conquérir une pleine indépendance, tandis que nulle puissance humaine ne parviendra jamais à briser les chaînes dont je m'apprête à lier le bétail humain habitant une riche région où l'esclavage fut, de tout temps, la règle.

Cette prise de possession ne serait pas seulement un danger pour les noirs, ce serait aussi un danger pour la liberté du commerce et pour la liberté de navigation dans la Méditerranée et dans la mer Rouge.

Si la France, confiante dans ses nouvelles alliances,

ne soulève pas, à brève échéance, la question d'Égypte et la question du Nil, l'Afrique tout entière sera perdue pour l'Europe; l'Afrique appartiendra à l'Angleterre.

« Aujourd'hui, l'heure est venue où, forts d'une alliance que personne ne conteste plus, qui s'est affirmée si glorieusement au mois d'août dernier, la France doit saisir la première occasion de marquer au concert européen son désir que les engagements pris par l'Angleterre, il y a quinze ans, soient enfin tenus; que le Nil, sur lequel elle a un pied solide, soit ouvert au commerce des nations, qu'il ne soit pas réservé à des monopoles, à des compagnies à chartes anglaises, ainsi qu'il est question d'en créer, pour faire indirectement du Soudan une province anglaise; enfin, que l'Égypte soit évacuée par les troupes britanniques et que le canal de Suez retrouve sa liberté de jadis.

« L'action des agents russes en Égypte est en ce moment parallèle à l'action des agents français, et pour l'effort définitif ce ne sera pas seulement le concours du gouvernement russe qui sera assuré, car d'autres puissances sont maintenant aussi intéressées que la Russie et que la France à la liberté du canal de Suez et à la neutralisation de cette vallée du Nil, dont la possession par une seule nation constituerait un danger de guerre permanent pour le monde entier.

« On ne saurait trop le répéter : la question d'Égypte est une de celles qui, au fond, préoccupent le plus le concert européen; on n'en parle jamais, mais on y pense sans cesse. On sent bien que c'est pour prévenir la discussion de la question d'Égypte que certains agents anglais ont créé en Arménie ces troubles qui viennent à peine de s'apaiser; c'est pour empêcher la question d'Égypte d'être traduite devant l'Europe que tant de diversions ont été provoquées dans l'Afrique australe, en Extrême-Orient et aussi sur le Niger et au Soudan. »

En y regardant de près, il serait possible de découvrir que la guerre hispano-américaine n'est pas autre chose non plus qu'une diversion à la question africaine. Et il n'y aura pas à s'étonner si l'on apprend un jour que le Maroc, ce prolongement naturel de l'Espagne, est considéré par l'Angleterre comme une annexe de l'Égypte dont il est séparé par un désert de 2,000 lieues. Ce sera le prix de l'alliance anglo-américaine.

On a mené grand bruit dans les journaux optimistes français de la dernière convention anglo-française, réglant les points contestés de la boucle du Niger.

Je ne prétends point diminuer le mérite des diplomates du quai d'Orsay, et particulièrement de M. Hanotaux, ce diplomate de la plus haute valeur, qui a mené à bonne fin une négociation qui devrait être terminée depuis plusieurs années et que les Anglais ont consenti à signer, de guerre lasse. Cependant, à regarder froidement cette convention du mois de mai 1898, on s'aperçoit que les Anglais pourront toujours facilement revenir sur la parole donnée. Les Français et les Anglais restent toujours voisins dans l'Afrique occidentale et il est toujours aisé à un voisin entreprenant et querelleur de susciter de nouveaux litiges territoriaux. Alors, de quoi auront servi les prétendues concessions anglaises?

Avec des voisins, même désagréables, même âpres dans les partages, les questions de délimitation une fois réglées, on sait qu'il n'y a plus à y revenir. C'est ainsi que les frontières séparant les possessions allemandes des possessions françaises sont fixées depuis plus de vingt ans sans qu'aucune des deux parties ait jamais songé à ergoter sur les décisions des commissaires qui ont planté les bornes du champ. Avec l'Italie on sait également à quoi s'en tenir et jamais le gouvernement du roi Humbert n'a songé à réclamer contre la ligne de démarcation qui sépare sa colonie d'Assab d'une autre colonie française.

Avec l'Angleterre on n'est jamais tranquille et il n'y a ni convention ni traité qui tienne. Si elle consent à se retirer par une porte, c'est avec le secret désir de rentrer par une autre. Ainsi après le règlement des questions relatives à Sierra-Leone et à la Côte d'Or et alors que la France croyait avoir mis fin à la prétention, que rien ne peut justifier, de pousser jusqu'au Niger l'arrière pays de ses établissements de la côte, les revendications de l'Angleterre se sont réveillées plus violentes que jamais; des titres auxquels on n'avait fait aucune allusion jusqu'ici, des droits qu'elle prétend tenir aujourd'hui du traité de Berlin de 1885, sont tout à coup opposés et dans quels termes!

Faut-il rappeler, par exemple, les discours d'Albert Hall, de Mansion-House, ces discours où les premiers hommes d'État de l'Angleterre s'excusent devant leur nation d'avoir « donné » à la France Madagascar, la Tunisie, le Tonkin, comme si l'Angleterre avait une hypothèque sur le monde entier, comme s'il lui appartenait d'en distribuer les morceaux dont elle ne veut pas pour elle-même?

La vérité sur cette affaire de la convention du Niger, c'est que l'Angleterre a l'intention de porter présentement le *summum* de ses efforts sur l'Égypte et sur la vallée du Nil, qu'elle entend procéder avec méthode et que les hommes d'État anglais se sont dits qu'il serait toujours temps de revenir en maîtres sur le Niger quand on aurait le Nil pour base d'opérations.

Que de fois, pendant la guerre de cent ans, l'Angleterre a signé des trêves avec la France, qui toujours paraissaient avantageuses à ce dernier royaume? A la faveur de ces trêves, scrupuleusement observées par le roi de France, le roi d'Angleterre se donnait le loisir de vaincre sans péril les Écossais constamment envahissants et de subjuguer les Irlandais sans cesse révoltés. Puis, ces œuvres de police intérieure accomplies, il revenait avec toutes ses forces, dévaster le territoire du voisin d'outre-Manche et reprendre les places qu'il avait juré de laisser entre les mains du maître légitime.

Les procédés des nations sont toujours les mêmes, en dépit des différences d'époques et des prétendus progrès de la morale publique. C'est une question d'atavisme et j'ai bien peur que, dans cette affaire de la délimitation des frontières du Niger, les Français n'aient été encore une fois dupes de leur bonne foi.

En dehors des embarras que les Anglais rencontrent actuellement dans leur politique intérieure, en Australie, où les tendances séparatistes se sont nettement accentuées, ces mois derniers, et dans l'Inde où la révolte, latente de Bombay à Calcutta, est toujours ouverte parmi les tribus du Nord, il paraît que la route de Khartoum n'est pas aussi facile à dégager que l'avait promis le Sirdar Kitchener. La conquête coûtera beaucoup plus d'hommes et d'argent qu'on avait supposé. Quoi d'étonnant alors que l'Angleterre ait été désireuse d'éviter pour le moment, toute complication sur un autre point du Continent noir et qu'elle se soit montrée si accommodante dans le règlement de questions de détail.

Il ne semble pas, en effet, que depuis le combat de l'Atbara, l'armée anglo-égyptienne ait fait aucun progrès vers le sud. Le combat de l'Atbara, réédition de celui de Tel-el-Kébir, avait cependant, au dire des feuilles anglaises, complètement anéanti les résistances mahdistes.

L'Empereur Guillaume avait paru enthousiasmé de la vaillance de l'armée britannique et il avait envoyé des félicitations à sa grand'mère la Reine Victoria. Aussitôt les journaux anglais de chanter le hosannah et de prétendre que l'Allemagne marchait d'accord avec l'Angleterre.

La Post, journal officieux de Berlin, s'est chargée de mettre les choses au point et de définir la véritable signification de ces félicitations.

> Il est tout naturel, dit ce journal, que l'Empereur, qui porte l'uniforme d'un régiment anglais, envoie une dépêche de félicitations pour un fait d'armes brillant. Cela a produit bonne impression en Angleterre : tant mieux! Pour la politique allemande, ce ne sont ni des sentiments, ni des sympathies, ni des antipathies qui décident, mais des intérêts réels. A ce point de vue, il ne saurait que nous être avantageux d'avoir dans certaines questions l'appui bienveillant de l'Angleterre. Mais quant à une action commune en Extrême-Orient, c'est une pure légende. L'Allemagne ne saurait là-bas se séparer de la Russie et de la France. Les Anglais ne nous en veulent pas d'avoir pris en Chine les territoires que nous possédons maintenant, mais nous, de notre côté, nous ne pouvons en vouloir à la Russie d'avoir mis la main sur la Mandchourie qui est évidemment comprise dans sa sphère d'influence. Nous n'avons donc en Chine aucun point commun avec la politique anglaise. *En Égypte, pas davantage,* malgré les affirmations du *Daily News.*

Quand on n'est pas avec l'Angleterre, en Égypte, on est nécessairement contre elle et je crois fort que c'est le cas de l'Allemagne qui, par ses simulacres d'intervention aux Philippines, vient de lui prouver que sur tous les points du globe, elle est et demeure son antagoniste le plus décidé.

Il est permis, dès maintenant, de présumer que l'Angleterre trouvera également l'Abyssinie toute prête à lui barrer la route du Cap au Caire. Le traité conclu par M. Ronell-Rodd avec Ménélick serait, en effet, un marché de dupes, et, pour la première fois depuis qu'il existe une diplomatie, les Anglais ne seraient pas les bons marchands d'un traité.

« Une de ses clauses les plus importantes, reconnaîtrait expressément que l'immense territoire borné au Nord par le 14° de latitude (à environ 180 kilomètres au Sud de Khartoum), à l'Ouest par le Nil, au sud par les grands lacs et à l'Est par les Somalis, fait partie intégrante de l'empire d'Éthiopie.

« Les Anglais auraient reconnu que le roi des rois régnait sur une partie de la lune que cela ne leur aurait pas coûté davantage ; il n'en est pas moins vrai qu'à l'heure actuelle, la présence sur le Nil d'un corps abyssin ne saurait paraître insolite aux Anglais, pour désagréable qu'elle leur puisse être.

« Ces gens-là ne voient que des dupes autour d'eux, et n'admettent pas qu'on puisse jamais les duper. Ils ont cru, un moment, que l'Abyssin allait leur servir de gendarme le long du Nil et ils s'aperçoivent que ce gendarme est un excellent ami de leurs adversaires. C'est dur, mais il n'y a qu'à se résigner.

« L'Empereur Ménélick a jugé bon, au point de vue des intérêts de son empire, de prendre possession effective de la vallée du Haut Nil en y expédiant un corps d'armée commandé par un des principaux ras. Personne n'a rien à voir à cet acte de souveraineté légitime et les agences anglaises font sourire en soulignant le fait que Makonnen a arboré « le drapeau abyssin. »

« Les Anglais s'attendaient-ils à lui voir arborer l'étendard britannique ? Makonnen a signalé sa présence sur les rives du Nil en châtiant des tribus turbulentes et qui ne vivent que de rapines.

« Le succès de l'expédition abyssinienne a été tel que le ras Makonnen a pu revenir dans la capitale pour rendre compte lui-même à l'Empereur de ses opérations. » (*Jour. Égyp.*)

Le général abyssin a rencontré dans ces parages le marquis de Beauchamps, que les Anglais ont fait mourir si souvent, et il appert d'une correspondance bien informée et publiée par le *Temps*, que ce courageux explorateur français jouit d'une parfaite santé. Le drapeau français et le drapeau abyssin sont maintenant mariés et il me paraît difficile qu'ils se retirent obligeamment devant une sommation du sirdar Kitchener.

Libre maintenant aux Anglais illusionnistes de s'imaginer que M. Renell-Rodd, aussi fin diplomate que sir Kitchener est habile général, aurait eu le talent prestigieux de faire de l'Empereur d'Éthiopie le soldat de la Grande-Bretagne sur les rives du Nil. Je ne refuse pas systématiquement de croire à ce mirifique succès, mais il est difficile de ne pas rapprocher la présence sur le Nil d'un corps d'armée abyssin, fait connu des Anglais depuis longtemps, du chiffre extraordinaire auquel l'Angleterre vient d'élever l'effectif du corps anglais qui doit marcher sur Khartoum au mois d'août.

Personne n'a pu oublier que la bataille de l'Atbara, où

Kitchener-Pacha a tué et blessé plus de Soudanais qu'il n'y avait de soldats anglo-égyptiens sur le champ de bataille, a été l'anéantissement des meilleures troupes de l'Emir d'Omdourmann et que si le Sirdar n'a profité de cette éclatante victoire pour entrer dans Omdourmann presque sans coup férir, c'est qu'il a voulu ne rien livrer au hasard et surtout épargner la vie de ses soldats.

La vérité serait-elle plus modeste que les ordres du jour relatant la victoire (?) de l'Atbara ? Toujours est-il que les Anglais ont fait un nouveau et pressant appel de recrues égyptionnnes, qu'ils envoient des renforts de la métropole, qu'ils attendent le mois d'août prochain avant de reprendre leur marche sur Khartoum.

Il faut donc conclure, ou que les récents événements n'ont pas été fidèlement rapportés et que les Derviches sont encore en mesure d'opposer une résistance inquiétante, ou, et c'est à cette dernière hypothèse que je m'arrête de préférence, que la « neutralité bienveillante » des Abyssins inspire aux Anglais quelque méfiance.

En admettant même que les Anglais puissent reprendre Khartoum et continuer leur route vers le Sud, en évitant la rive droite du Nil occupée par les Abyssins et longeant exclusivement la rive gauche, n'est-il pas certain qu'ils se heurteraient à l'État du Congo ? Cette barrière est constituée par une bande de 25 kilomètres de largeur et d'environ 300 kilomètres de longueur située entre le Sud de l'Ouganda et le Nord du lac Tanganika ;

cette bande, prétend-on à Londres, a été donnée à bail à l'Angleterre par l'État du Congo.

Cette affirmation est aussi fausse que sont audacieuses les prétentions qu'elle étale. Il en fut fait justice par le gouvernement français, lequel envoya une protestation simultanée au roi des Belges et au Foreing Ollice de Londres. Nous ne savons pas quel sort cette protestation a eu en Angleterre; peut-être, probablement même, qu'il n'en a été tenu aucun compte et qu'il n'a été répondu que par un simple accusé de réception obligatoire.

Et cependant, l'usage de cette « bande » est absolument nécessaire pour la réalisation du programme de sir Cecil Rhodes : « Du Cap au Caire. » L'avoir ou ne pas l'avoir, représente le *to be or not to be* de l'entreprise, à moins qu'on emprunte une partie du territoire allemand; et de l'humeur dont est l'Empereur Guillaume II il n'est pas téméraire d'écarter, de prime abord, pareille hypothèse. Ce n'est pas sur un terrain allemand que la Grande-Bretagne oserait jamais renouveler une édition du raid exécuté par Jameson. L'Allemagne a le bras long; elle a un gantelet de fer au bout. Quoiqu'il ait servi de texte à de nombreuses explosions de colère mal dissimulée sous une ironie « qui riait jaune », Guillaume II a cependant donné à réfléchir à la nation que visait l'Empereur d'Allemagne, et cette nation se gardera bien d'exciter la colère d'un si puissant voisin.

Néanmoins, tandis que le Sirdar Kitchener s'évertue à descendre du Nord vers le Sud, sir Cecil Rhodes s'efforce de remonter du Sud au Nord. Le chemin de fer du Sud est arrivé au delà de Bulawayo et se rapproche du Tanganika. Les journaux britanniques escomptent d'avance la rapidité de la marche, du Sud au Nord, de Cecil Rhodes et les prochains succès du Sirdar, et ils prédisent une jonction au sujet de laquelle il ne reste qu'un point douteux, celui de savoir lequel des deux, le général venant du Caire, ou le *tress-passer* parti du Cap, arrivera le premier au rendez-vous. Mais, dans les articles de plus en plus nombreux qui se succèdent chaque jour et traitent cette question, il n'est pas plus question de la bande congolaise que si elle n'avait jamais existé. Or, comme le projet de la route anglaise est absolument irréalisable si elle n'est autorisée à emprunter le territoire allemand ou celui de l'État du Congo, il faut conclure que le gouvernement britannique a décidé de passer, n'importe par quel moyen. Dans cette hypothèse, et je suis persuadé de ne pas la faire à tort, le silence gardé sur cette question essentielle indique ou que la Belgique a trahi les intérêts de l'Europe en aliénant ce qu'elle a juré de ne jamais aliéner, ou que les Anglais sont décidés à briser sa résistance par la force des armes.

Il faut espérer que la seconde alternative est la seule vraie. La Belgique n'a pas la faiblesse du Portugal qui a cédé à Beïra et en d'autres points, et qui vient de laisser libre passage à l'expédition armée du major Gibbon, lequel se propose de servir de trait d'union entre le major Kitchener et sir Cecil Rhodes.

On a trop fermé les yeux sur les pressions successives exercées contre ce petit État, dont l'Angleterre a fait le complice de ses accaparements autour du Transvaal.

L'action se précipite, et si le Congo et l'Allemagne, pour le moment, et d'autres pays plus tard, ne veulent pas se réveiller enfermés dans les filets tendus par l'Angleterre, il est pour eux grand temps d'agir.

Je sais bien que les Puissances européennes escomptent les difficultés pécuniaires auxquelles l'Angleterre se trouvera aux prises pour faire face à la réalisation du programme de sir Cecil Rhodes. Mais je n'hésite pas à dire que ce calcul n'est pas fondé sur des bases sérieuses. Les difficultés d'argent n'ont jamais été un gros embarras pour la Grande-Bretagne, résolue de mener à bonne fin une entreprise quelconque. Quand elle n'en trouve pas dans les poches du voisin elle n'a qu'à entr'ouvrir ses propres coffres-forts toujours pleins, et je ne doute pas qu'elle ne se résolve à cette extrémité quand il lui sera démontré que l'Égypte a sué tout l'or qu'elle peut rendre.

Or, cette démonstration est désormais plus qu'à moitié faite.

Le coup de force tenté sur la caisse de la Dette n'ayant pas réussi, grâce à l'énergique vigilance des Tribunaux mixtes, les Anglais se sont rabattus sur les dernières ressources disponibles de l'État. Ils ont bazardé ou sont en train de bazarder tout ce qui est encore aliénable de la richesse d'Égypte. « L'opération vient de commencer par la vente des paquebots khédiviaux et menace de se continuer par d'autres aliénations.

« Cette opération est inspirée par un des principes les plus constants de la politique anglaise en Égypte : esquiver le contrôle de l'Europe.

« Elle en illustre à la fois une tradition constante et une des plus fâcheuses tendances ; la tradition constante, c'est l'insouci du vœu public, aussi bien que des lois ou coutumes existantes; la tendance trop fréquente, c'est de faire servir l'administration de l'Égypte au bénéfice de l'Angleterre.

« La Khedivich était une entreprise maritime du gouvernement, qui avait son utilité et pouvait, avec quelque soin, devenir une source importante de revenus. Ses paquebots desservaient la Syrie et la Grèce et assuraient un service rapide de Constantinople à Alexandrie. On comprend l'intérêt qu'aurait eu le gouvernement égyptien à retenir entre ses mains ce moyen indépendant de communications avec la capitale du monde musulman. En outre, c'est par la Khedivich que s'opéraient les relations entre l'Égypte et l'Arabie où elle transportait chaque année des milliers de pèlerins; entre l'Égypte et Souakim qui, le désert fermé, n'avait plus de communication avec Suez et le Caire que par ses paquebots.

« Avec un tel réseau, il suffisait, pour la rendre rémunératrice et prospère, de la mettre en situation de lutter contre la concurrence en Méditerranée. La caisse de la Dette, que les journaux anglais s'obstinent à repré-

senter comme un obstacle aux progrès du pays, ce
pendant qu'elle ne néglige aucune occasion de les favoriser, avait, dès 1890, mis à la disposition du gouvernement égyptien une somme de 75,000 livres, soit près
de 2 millions, pour lui permettre de reprendre l'avantage sur les Compagnies rivales en améliorant ses
paquebots.

« Mais ce crédit fut refusé. Pourquoi? Simplement parce
que toute entreprise du gouvernement est, en Égypte,
soumise en quelque façon au contrôle de l'Europe, ou
peut y être astreinte. Accepter le secours de la caisse
de la Dette pour relever la Khedivich, c'était intéresser plus directement l'Europe aux communications
maritimes de l'Égypte avec tout l'Orient, lui fournir
des prétextes, par ses subventions, à en défendre plus
facilement les intérêts et la liberté. Il parut plus sage
de laisser l'entreprise à ses seules forces que de la
secourir par ce moyen. On se réservait ainsi des faci-
lités pour la soustraire un jour non seulement au contrôle de l'Europe, mais à la direction même du gouvernement égyptien. Ce jour est venu le 1er février
dernier, quand furent vendus les paquebots égyptiens à
un syndicat anglais. » (*Le Temps.*)

La vente fut escamotée, et je voudrais un mot plus
expressif pour qualifier cette opération. La Khedivich
ne fut pas même mise en adjudication et les concurrents
du syndicat anglais qui se présentèrent quand ils eurent

vent du projet de vente, ne furent même pas admis à soumissionner et à faire des offres d'achat.

« Il est établi que les coutumes ordinaires dans toutes les opérations de ce genre ont été violées, que les garanties de loyauté dont on les entoure ont été sciemment omises. »

Comme l'a raconté bénévolement *le Times*, « on croit qu'un prix plus élevé eût été obtenu si le gouvernement avait donné plus de publicité à son intention de vendre ». « On croit » est modeste après l'énumération des articles de la vente : « Trois paquebots ayant coûté 62,000 liv. st. chacun (c'est 70,000, mais passons), bâtis en Clyde, il y a six ans; huit autres navires de construction plus ou moins ancienne; un dock à Alexandrie; des magasins et des ateliers considérables occupant environ 20 acres de terre sur les ports d'Alexandrie et de Suez ». Or, on sait à quel prix furent livrées toutes ces richesses : 150,000 livres ou 3,750,000 francs, soit un tiers en moins de ce que les trois paquebots neufs, à eux seuls, avaient coûté; à peine le double de ce qu'offrait la Dette pour réparer les anciens navires. Sans doute, les acheteurs acceptent d'établir, à leurs frais, un bassin de radoub à Suez, mais l'affaire en est-elle moins remarquablement lucrative? Qu'on en juge!

« Deux jours après la signature du contrat, on annonçait que les titres du syndicat acheteur étaient disputés avec acharnement dans certains milieux.

« Les capitalistes anglais, qui venaient de conclure l'affaire, refusaient sur-le-champ 10,000 livres de leurs fonds, à 25 0/0 en sus du prix d'émission. Partout on déclarait que l'affaire d'Allen, Alderson et Cie, les acquéreurs de la Khedivieh, serait le plus gros succès dans toute l'histoire des affaires en Égypte.

« Parbleu !

« En témoignage de sa profonde satisfaction, la nouvelle Compagnie maritime offrit tout de suite une somme de 25,000 francs à l'asile des marins, à Alexandrie. La voilà bien, la note philanthropique ! » (*Le Temps*.)

Il va sans dire que cette opération usuraire s'est effectuée avec l'approbation contrainte et forcée du Khédive, sur l'avis conforme de ses tremblants ministres.

Maintenant, voilà quels en seront les résultats financiers pour le malheureux Abbas-Pacha. Son gouvernement, c'est-à-dire lord Cromer, recevra 150,000 livres du syndicat acheteur et en remettra 75,000 au Vice-Roi, mais Abbas, personnellement, servira à la nouvelle Compagnie une subvention de 6,000 livres par an pour le service postal, pendant quinze ans. Non seulement, il aura aliéné son matériel maritime, mais pour une somme de 75,000 livres, il en déboursera quinze fois six mille ou 90,000. De sorte qu'à la regarder de près cette, opération ressemble plutôt à un expédient de spéculateur aux abois.

Et, c'est au nom de la morale publique que les Anglais ont fait d'abord donner un Conseil judiciaire à Ismaïl-Pacha, puis l'ont détrôné pour se mettre à sa place !

Ces 150,000 livres jetées dans le gouffre du Soudan, sont assurément une bien faible somme, mais il faut s'attendre à ce que l'Angleterre mette en vente les Pyramides elles-mêmes, et il se trouvera bien quelque lord excentrique pour les acheter. Et c'est lorsqu'il ne restera en Égypte rien d'invendu de ce qui est vendable, que l'Angleterre fera la guerre à ses propres frais.

Il serait possible, en attendant, de tirer quelque parti des chemins de fer du Soudan qui appartiennent au Khédiviat aussi incontestablement que la Khedivieh. Ils ont été construits, en effet, avec l'argent du Vice-Roi et avec la sueur des soldats égyptiens travaillant douze heures par jour sous le fouet des ingénieurs anglais. Ces chemins de fer ont leur tête de ligne à Wadi-Halfa et se dirigent, d'un côté jusqu'à Dongola, de l'autre, vers le Sud, jusqu'à Berber, en passant par Abou-Hamad. Vers la fin du présent mois de juillet 1898, les rails atteindront, dit-on, les rives de l'Atbara. Il n'aura guère fallu plus d'un an à l'armée égyptienne pour mener à bonne fin cette entreprise, vraiment gigantesque, car elle a été effectuée à travers le désert, sous un soleil torride, dans le pays de la soif, où l'eau potable, véhiculée depuis Wadi-Halfa, arrivé en état de décomposition. Combien de ces malheureux travailleurs ont succombé à ce travail de forçat et à ces horribles privations ! Le secret de leur nombre et de leurs souffrances sera toujours bien gardé, car leurs exploiteurs ont autre chose à faire qu'à tenir registre des décés des esclaves.

Eh bien! ces chemins de fer qui sont le prix du sang égyptien, les Anglais veulent imposer au Vice-Roi de les vendre à la Compagnie de railways présidée par M. Cecil Rhodes et qui, partant du Cap et se dirigeant vers le Nord en coupant le Zambèze, doit rejoindre la ligne du Soudan. Ce serait, dans la pensée anglaise, le grand transafricain faisant pendant au transsibérien ou au transcaspien, avec cette différence que les grandes voies russes relieront le monde civilisé au monde asiatique, tandis que la voie anglaise ne servira qu'au développement de la puissance et du commerce britanniques.

M. Cecil Rhodes offre, d'ailleurs, d'acheter le chemin de fer déjà fait au prix du matériel seulement, quitte à introduire dans la clause du contrat de vente que les soldats anglais seront tenus, par-dessus le marché, de continuer la voie jusqu'aux grands lacs, sans aucune rétribution de la part de sa Compagnie.

Pour la première fois, l'opinion publique est sincérement en émoi dans toute l'Égypte et les journaux patriotes s'en font l'écho indigné. Le Sultan s'appuyant sur le sentiment unanime de ses anciens vassaux, vient de prendre parti ouvertement en leur faveur. Il a télégraphié au Khédive d'opposer énergiquement son *veto* à cet envahissement d'un nouveau genre. Il insiste sur l'importance stratégique du chemin de fer du Soudan et offre d'accorder au Vice-Roi tous les firmans nécessaires pour la négociation d'un nouvel emprunt, au cas où les finances égyptiennes auraient besoin d'un expédient quelconque pour remplir leurs coffres. Abbas-Pacha, fortifié dans ses désirs secrets de résistance par les conseils de son suzerain nominal, refuse d'entrer en pourparlers avec les négociateurs de Cecil Rhodes. Il n'est pas jusqu'à ses ministres qui ne se relâchent, en cette circonstance, de leur servilité envers leurs conseillers anglais. Deux d'entre eux se sont prononcés nettement contre tout projet de vente et un troisième, qu'on dit être Boutros-Pacha, hésite lui-même à se mettre du côté de l'oppresseur.

En face de ces oppositions formidables et unanimes, les Anglais ajournent, dit-on, la réalisation de cette usurpation nouvelle. Ils attendent des temps meilleurs, mais ils ont pris leurs précautions pour que la presse européenne garde un profond silence sur cette affaire qui a mis en Égypte tous les esprits en révolution. Je suis le premier à en informer le public, ayant été tenu au courant de ces faits à la veille même de l'apparition de ce volume.

Ils se font la main en s'appropriant le domaine de Bossonvillah, d'une contenance de 120,000 hectares, et en mettant en vente le domaine de Daïra-Sanieh qui en contient 400,000 et sur lequel sont installées des fabriques de sucre et des raffineries.

Reste à savoir si ces confiscations et ces aliénations seront valables aux yeux du contrôle et si les Anglais en hazardant ainsi l'Égypte, morceaux par morceaux, n'annihilent pas, peu à peu, les gages des créanciers.

Reste à savoir aussi si la main-mise d'une Compagnie anglaise sur le chemin de fer du Soudan ne soulèverait pas des inquiétudes politiques parfaitement justifiées, car, ainsi que le fait observer S. M. le Sultan, ce chemin de fer est, avant tout, une voie stratégique.

Il existe, d'ailleurs, dans l'acte de vente de la Khedivieh, une clause qui est de nature à soulever les inquiétudes de toute l'Europe.

« Remarquez, en effet, dit *le Temps*, que le canal de Suez une fois fermé soit par l'Angleterre, soit malgré elle, la mer Rouge étant gardée à l'autre extrémité par Périm, demeure un golfe anglais. Or, au fond de ce golfe anglais, le contrat de vente de la Khedivieh vient de ménager, pour la marine anglaise, une ressource appréciable. Une des clauses du contrat abandonne aux acheteurs le bassin de carénage de Suez, et leur concède, non seulement tous les établissements actuels de la Khedivich dans le même port, mais encore des droits éventuels à maint agrandissement. C'est pour étudier ces travaux qu'un des ingénieurs les plus renommés de l'Angleterre, sir Benjamin Baker, se trouvait, comme par hasard, en Égypte, et qu'au cours des négociations on le faisait, dit-on, voyager par train spécial. Enfin, un autre article du contrat de vente oblige MM. Allen, Alderson et Cⁱᵉ, à construire un autre bassin de carénage, mais sans indiquer dans quel port. Aux dernières nouvelles on aurait choisi Port-Saïd. Détail à noter : ce bassin est prévu pour recevoir les plus gros navires de guerre.

« Sans prétendre que ce soit là une révolution dans la situation navale en Orient, on imagine bien l'usage qu'en cas de guerre l'Angleterre pourra faire et des paquebots, et des arsenaux, et des ateliers, et des cales de la nouvelle Compagnie anglaise qui vient de se former à si bon marché et qui possédera, aux deux extrémités du canal de Suez, un complet outillage. A cela se borne la portée de la vente des paquebots khedivieh au point de vue militaire. Mais il n'y a pas de petits profits. Si donc ce n'est pas une bonne opération pour l'Égypte, à coup sûr ce n'en est pas une mauvaise pour l'Angleterre. Seulement, que devient en tout ceci le bien du pays qu'on administre? »

Si l'on veut se rendre compte de l'état d'épuisement dans lequel se trouve l'Égypte par suite de la guerre du Soudan, il faut considérer que le pays a fourni en soldats tout ce qu'il peut fournir. L'Égypte a envoyé, entre Dongola et Berber, presque jusqu'à son dernier homme et à son dernier canon. Le Khédive ne trouverait pas dans toutes ses casernes de quoi former un régiment. Il serait difficile d'imaginer un plus complet drainage des forces d'une nation. Sans doute le fameux péril mahdiste n'a pas été bien inquiétant pour les troupes engagées. En deux ans il n'y a pas eu un seul combat sérieux.

Et puis, l'éloignement du théâtre des opérations empêche de sentir l'odeur de la poudre au Caire. Napoléon en Russie n'était guère plus loin de la France que le Sirdar ne l'est du Caire. Il n'en reste pas moins que ce détournement des forces vives de l'Égypte au profit d'une guerre stérile, ne sera pas sans répercussion. On n'entretient pas, pendant plusieurs années, plus de 20,000 hommes (même quand les firmans n'en permettent que 18,000), à cinq cents lieues de leur pays, sans que ce pays en souffre.

Sevrée de sa richesse en hommes par la main de l'Angleterre, l'Égypte l'est aussi de sa richesse en argent. Non seulement le budget de la guerre a été gonflé presque de moitié, mais les autres sont réduits au strict minimum. Tous les grands travaux du gouvernement sont suspendus. Sans les récentes allocations de la caisse de la Dette, les plus indispensables seraient impossibles.

Cependant, ce serait le moment pour l'Égypte de faire des sacrifices considérables, de doubler les 45 millions qu'elle a déjà dépensés sur le chemin du Soudan, depuis 1896, si elle voulait atteindre Khartoum, car de ce côté, l'effort de résistance des Derviches est autrement considérable que ne le représentent les journaux anglais. J'entends dire, par exemple, que, tout récemment, les troupes anglaises ont été empêchées de dégager les canonnières qui s'étaient trop aventurées sur le Nil, devenu exceptionnellement bas. J'entends dire aussi que toutes les troupes ramassées dans ces derniers mois par l'Angleterre en Égypte, et dont le chiffre dépasse même l'effectif autorisé par les firmans, ne seraient pas suffisantes pour une occupation permanente de Khartoum.

Que ces troupes arrivent à Khartoum et y plantent le drapeau britannique ou anglo-égyptien, c'est dans l'ordre des contingences, mais que l'Europe leur permette d'aller plus loin, c'est ce qu'il est difficile d'admettre.

Il a fallu des miracles d'ingéniosité et de virement accomplis par le conseiller financier anglais de l'Égypte, pour arriver à suffire à la continuation de cette aventure et atteindre successivement Abou-Hamed et Berber ; mais maintenant, il n'y a plus d'argent ; on ne trouve plus moyen de réaliser quelques milliers de livres qu'en mettant l'Égypte à l'encan, en vendant, par exemple, même sans prendre les mesures administratives ordinaires, sous le manteau de la cheminée, la flotte même de l'Égypte, qui vient d'être aliénée pour 150,000 livres sterling, alors qu'elle avait coûté des millions et des millions de francs.

Il est temps que la comédie cesse et que l'Angleterre expose nettement ses intentions en face de l'Europe.

Non seulement l'Égypte, à elle seule, ne peut aller plus loin que Khartoum, mais elle a tout intérêt à ne pas y aller du tout.

Que l'Angleterre dise franchement qu'elle veut faire à son compte la route du Cap au Caire. L'Europe, après s'être consultée, décidera s'il y a lieu de ne dresser aucune barrière sur son passage.

Si elle se refuse à réclamer cette autorisation à l'Europe, il existe encore, dieu merci ! des Puissances qui sauront la faire souvenir qu'elle en a besoin et lui rappeler ses engagements.

« Nous ne saurions rester plus longtemps en Égypte, disait récemment un membre du Parlement britannique, sir Henry Campbel Bannerman, sans violer nos plus solennels engagements et rendre notre caractère méprisable aux yeux de l'Europe. »

CONCLUSION

Je me suis attaché, dans les divers chapitres de ce livre, à résumer les griefs accumulés contre l'Angleterre, par la France et l'Europe, dans la question égyptienne et dans la question soudanaise qui est son corollaire.

M'écartant du plan généralement adopté par ceux qui ont écrit avant moi sur ce sujet inépuisable, je n'ai fait qu'une petite part aux griefs des Égyptiens proprement dits, en supposant que ce peuple n'est pas encore à la hauteur de sa destinée et, comme le représentent les théoriciens anglais dans son ensemble, incapable, du moins avant longtemps, de disposer, par lui-même et sans contrôle, et de son sort et de la riche terre que la Providence lui a départie. Mais admettant que les Anglais ont raison sur ce point spécial, je les blâme, comme tout honnête homme doit le faire, de l'abus criant et certainement inhumain que leurs fonctionnaires font d'une théorie juste, en principe. Les Français ne traitent point avec barbarie et mépris les noirs du

Sénégal et du Gabon, ni les Russes les nomades trans-caspiens, et pourtant ces populations sont autrement arriérées que les descendants des sujets des Pharaons ou des Ptolémées.

J'ai passé presque sous silence les prétendus droits de la Turquie, persuadé que ces droits sont devenus plus que problématiques depuis les victoires de Méhémet-Ali, et convaincu, en tout cas, qu'il n'y a pas lieu d'augmenter la puissance d'Abdul-Hamid. Les Turcs ne tiendraient, en tout cas, leurs droits sur l'Égypte que de la victoire; ils les ont perdus par la défaite. Quoi de plus clair et de plus conforme à l'équité? L'Europe n'est pas assez riche pour se dépouiller d'un joyau précieux au profit d'un dominateur mal organisé dans son propre empire.

Qu'on ne mette pas la Turquie hors de l'Égypte avant qu'on ne l'ait mise hors de l'Europe, cela se comprend ou plutôt cela se supporte; qu'on lui laisse en attendant voix délibérative dans le règlement de la question égyptienne, cela se tolère; mais là doit s'arrêter la condescendance des Puissances civilisées. Remettre l'Égypte sous la suzeraineté, non plus nominale mais effective du Sultan, serait reculer la solution du problème et préparer pour l'avenir des coups de théâtre et des coups de force dont on ne peut prévoir les conséquences. La nécessité de préserver le canal de Suez contre toutes surprises dans ces pays orientaux forme d'ailleurs une objection tellement forte contre une telle solution, que je ne crois pas qu'un homme d'État un peu sérieux songe jamais à la faire prévaloir.

L'idée qui doit être ancrée désormais dans tous les esprits, c'est que l'Égypte et le Soudan ne sont point *res nullius*, comme le prétendent les Anglais, et, en conséquence, à la disposition du premier et du plus fort occupant, mais *res omnium*, où les droits de tous et de chacun peuvent s'exercer sans se heurter, au moyen d'une sage réglementation.

L'Europe est maîtresse de la vallée du Nil, en même temps que l'Amérique, l'Abyssinie et le Japon, puisque ces deux dernières Puissances viennent de prouver qu'elles sont à la hauteur de figurer au sein de la grande famille des nations civilisées. Elle en est maîtresse comme les flottes sont maîtresses des mers que la nature a créées pour être les routes du commerce universel.

Elle est également maîtresse du canal de Suez et de la mer Rouge, comme elle est maîtresse des détroits qui ont trop longtemps barré la Baltique, comme elle devrait l'être des Dardanelles et du passage de Gibraltar, parce que Dieu a créé ces défilés pour être les grandes voies de communication entre les divers peuples, et que c'est exclusivement le propre des bandits de s'embusquer dans les défilés pour y arrêter et y rançonner les voyageurs.

Il n'est que temps d'affirmer et d'imposer ces vérités, si l'on ne veut que le crépuscule de ce siècle ou l'aurore du xxe soient ensanglantés de rouges lueurs.

La tactique déloyale poursuivie par l'Angleterre, avec une ténacité digne d'un plus juste objectif, est sur le point d'aboutir.

Entrée en Égypte en qualité de mandataire de l'Europe, pour y rétablir l'ordre, ainsi que le fit la France en 1827 en Morée, elle s'est bien gardée d'évacuer les positions conquises, une fois sa mission remplie, comme le fit cette même France.

Un pareil procédé de la part d'un particulier serait flétri d'un mot : abus de mandat et soustraction de dépôt. Mais il paraît qu'en politique les actes ont une autre signification que dans la vie privée, et que, du moins pour l'Angleterre, ce qui est bon à prendre est bon à garder.

Depuis plus de quinze ans l'attitude de l'Angleterre est un insolent défi porté au monde entier et un audacieux reniement de la parole qui, dans les actes diplomatiques, vaut le serment.

Dans le rapport que lord Dufferin adressait à son gouvernement, après les affaires d'Alexandrie et de Tel-el-Kébir, il s'exprimait ainsi :

Si j'avais eu pour mission de placer l'Égypte sur le pied de vassalité d'un État Indien, la perspective eût été autre. La main puissante d'un résident eût promptement fait plier toutes choses devant sa volonté et dans l'espace de cinq ans, nous eussions accru considérablement la richesse et le bien-être matériel du pays par l'extension des terrains cultivés et l'augmentation de ses revenus, par l'abolition partielle, sinon totale, de la corvée et de l'esclavage, l'établissement de la justice et d'autres réformes bienfaisantes. Mais les Égyptiens auraient, à bon droit, trouvé ces avantages chèrement acquis du moment où ils eussent coûté l'indépendance nationale. En outre, le gouvernement de Sa Majesté et l'opinion publique en Angleterre se sont prononcés contre cette combinaison.

Mais depuis que lord Dufferin écrivait ces lignes, l'opinion anglaise a opéré un revirement, grâce aux excitations incessantes de la presse londonnienne.

On y parle tout haut de transformer une suzeraineté déjà bien abusive en un protectorat effectif, ou, tout au moins, de déclarer le Soudan, province britannique.

Un homme d'État anglais en faisait dernièrement la confidence cynique à un personnage qui habite le Caire :

« Il importe, dit-il, de maintenir à tout prix, dans le Royaume-Uni, l'opinion en haleine au sujet de l'Égypte qui, croyez-le bien, est le nœud gordien de la situation générale. Il ne faut pas craindre d'accentuer l'importance de notre occupation de ce pays et de grandir la valeur d'un gage dont l'abandon nous vaudra, au moment psychologique, la reconnaissance de notre empire soudanien par l'Europe. Vos amis parlent généralement de nos intérêts en Égypte en gens bien convaincus que notre honneur et nos intérêts exigent que nous gardions ce pays *for ever*. C'est parfait ; laissez-les dire : il faut, pour convaincre autrui, être bien convaincu soi-même ; il sera toujours temps de démontrer aux plus chauds partisans de l' « Angleterre toujours plus grande », la sagesse de notre objectif : nous assurer la possession des vastes provinces soudaniennes qui s'étendent du 20° au

10° de latitude nord, avec la mer Rouge et le désert du Sahara pour frontières et établir sur le roc la possession de ce merveilleux empire en *sacrifiant* l'Égypte aux sottes prétentions de l'Europe.

« Que le mot d'abandon ne vous choque pas trop.

« Voyons, je veux être clair. *L'Égypte nous est indispensable, parce qu'elle est l'antichambre du Soudan*; mais admettez le Soudan conquis, organisé; Souakim rendu imprenable et relié à Khartoum par une voie ferrée et un fleuve navigable, que nous importeront alors les possessions du Khédiviat proprement dit? Les haines que nous y accumulons se répercutent en Europe et les efforts extraordinaires que nous faisons ici pour maintenir l'équilibre des partis, ne sont payés d'aucune compensation. Reconnaître une quasi-indépendance au Khédiviat, lorsque la poire soudanaise sera mûre, sera pour nous la suprême habileté, puisque, en réalité, nous n'abandonnons rien... que des charges.

. . . .

« Dans ma pensée, la conquête du Soudan sera parachevée par l'abandon de l'Égypte à laquelle le lointain pays sera interdit, non par des traités, mais par son impuissance à lutter contre les voies rapides de pénétration que le commerce et l'industrie britanniques établiront entre l'intérieur et la mer Rouge où nous serons les maîtres, les maîtres tout-puissants. »

En d'autres termes, la poire soudanaise paraît mûre

aux ministres de la Reine et ils la cueillent sans vergogne. Les hésitations de la marche du Sirdar Kitchener sur Khartoum n'ont d'autre cause que des difficultés financières. Mais les Anglais trancheront cette difficulté, suivant leur mode habituel, en mettant à sec le Trésor égyptien qui appartient à l'Égypte d'abord, aux créanciers de l'Égypte ensuite.

Ce n'est un mystère pour aucun des Européens habitant l'Égypte qu'ils méditent contre la caisse un nouveau coup de force.

Cet attentat étant de nature à irriter les honnêtes gens de tous les pays, l'Angleterre prend d'avance le parti de braver les gendarmes. L'*Egyptian-Gazette* publiait, en effet, en décembre dernier, l'audacieuse note suivante :

Le jour n'est peut-être pas bien éloigné où une Puissance, prenant une résolution virile, coupera le nœud gordien, que toute l'intelligence de l'Occident n'a pas réussi à dénouer jusqu'à ce jour. En prévision d'une pareille éventualité, on peut considérer comme certain que les hommes d'État britanniques ont étudié leurs plans pour protéger efficacement l'Égypte aussi bien dans le danger d'une agression extérieure que d'une effervescence intérieure. Il faut avouer, en outre, que tout semble conduire à la conclusion que la chiquenaude attendue depuis si longtemps sera donnée par la Grande-Bretagne elle-même ; c'est pourquoi, dans ce cas, elle prendrait plus que jamais les minutieuses mesures de précaution pour garantir la sécurité de l'Égypte et assurer la continuation paisible de l'œuvre bienfaisante qu'elle a entreprise ici.

L'*Egyptian-Gazette* étant l'organe officiel de lord Cromer, et lord Cromer étant un fonctionnaire absolument correct, il est impossible de méconnaitre que cette note ait été inspirée directement par le gouvernement anglais.

Qui relèvera la provocation ?

La diplomatie n'a pas encore dit son dernier mot, et il est urgent que la Puissance la plus directement intéressée au règlement de la question égyptienne et à la solution de toutes les questions africaines, — je veux dire la France, — convoque à Paris une conférence internationale, dont les délégués seront munis de pleins pouvoirs par leurs gouvernements respectifs.

Le grand aréopage ne laisserait dans l'ombre aucun point du problème africain, et chacune de ses décisions, prise à la majorité des voix, aurait force de loi. La Puissance qui refuserait de s'y soumettre y serait contrainte par la force des armes.

La neutralisation du canal de Suez serait naturellement l'objet des premières délibérations, mais cette neutralisation ne devrait pas être décrétée seulement sur le papier. Elle devrait être garantie par une petite armée de mercenaires à la solde de la Compagnie ou des divers gouvernements, contribuant à son entretien, chacun suivant son importance sur la scène du monde et l'importance de ses intérêts dans le canal.

Par le rachat des péages sur les détroits de la Baltique, en 1852, l'Europe a pu obtenir la liberté complète de ces passages. Il n'est pas plus malaisé de neutraliser le canal de Suez que le Grand-Belt et le Petit-Belt.

J'ajoute même que la surveillance y est plus facile.

La neutralisation du canal de Suez entraine celle de la mer Rouge. L'un est un couloir ; l'autre est un corridor. L'entrée et l'issue de l'un et de l'autre doivent être libres. La guerre maritime doit être proscrite de leurs eaux, et celui qui prétendrait en garder les avenues, pour les ouvrir ou les fermer à son gré, ferait œuvre de pirate.

Il me parait indiqué que l'Abyssinie soit chargée de la police de la mer Rouge. Qu'on lui en ouvre l'accès qui lui est si jalousement fermé par l'Angleterre. La mer Rouge lui appartient par une disposition de la nature, et lui en interdire même l'abord est une violation du droit public.

Les Abyssins ont fait leurs preuves sur terre ; il les feront sur mer dès qu'on le leur permettra. Ils sont durs à la peine, patients, endurants et, seuls de tous les hommes, ils sont parfaitement acclimatés aux chaleurs moites et torrides de la mer Rouge. Une flottille, montée par des matelots abyssins et dirigée par des officiers internationaux commandant à tour de rôle, exercerait un contrôle exact sur tous les navires en circulation sur l'étroite et longue nappe d'eau. En tout cas, cette flottille ne porterait ombrage à personne.

Le Nil, depuis son embouchure jusqu'à ses sources, est une autre voie maritime, parallèle à la mer Rouge, et d'une égale importance au point de vue du transit des marchandises africaines. Personne n'a le droit de prétendre que cette route lui appartienne en propre. Il faut qu'elle soit livrée à l'activité commerciale de tous les marchands du monde.

Pour assurer la neutralité du Nil on pourrait établir sur tout son cours un gouvernement fictif analogue à celui qui est constitué sur le cours du Bas-Danube et qui fonctionne, depuis quarante ans, à la satisfaction universelle. Ce gouvernement, composé de représentants de toutes les Puissances, aurait son budget, et les recettes, prélevées sur la navigation, seraient employées exclusivement aux dépenses de son administration.

Enfin l'Égypte proprement dite, c'est-à-dire le Delta et la Moyenne-Égypte, serait proclamée indépendante, sous le gouvernement direct du Khédive, contrôlé par toutes les Puissances et protégé contre toute entreprise par une autre armée de mercenaires ; celle-ci, assez forte pour résister victorieusement à une tentative quelconque, assez faible pour ne rien entreprendre elle-même de contraire à la paix publique.

Cette armée, comme celle du canal, serait commandée par des officiers européens appartenant à toutes les nationalités, et le commandement en chef ne serait attribué au même général que l'espace de trois ans, par tour de roulement.

Ces solutions, qui auraient pour objet et certainement pour effet d'assurer dans cette région une paix indéfinie, une fois réglées, je pense qu'il n'y aurait aucun inconvénient de laisser les Anglais s'emparer de la

Haute-Égypte, si l'Europe y consent, et qu'il n'y aurait pas lieu de scruter de trop près le plus ou moins fondé de leurs droits sur cette riche vallée. On leur en ferait cadeau. Leur part serait encore fort belle et de nature à contenter des appétits plus que moyens.

Le but principal des Anglais n'est pas, on le sait, un but d'honneur et de grandeur; ce n'est pas même un but de domination; c'est un but de gain.

En laissant les Anglais maîtres de la basse vallée du Nil, leurs intérêts commerciaux seraient pleinement sauvegardés.

Toutes les marchandises africaines aboutiraient nécessairement, pour la plus grande partie, à Souakim, port anglais sur la mer Rouge, et à Zeïlah, port anglais sur le golfe d'Aden, autant dire sur l'océan Indien.

Celles qui prendraient la direction de la Méditerranée aboutiraient à Alexandrie où le pavillon anglais flotte dans la proportion de 10 contre 1.

Pour toutes les questions intéressant le reste du Continent noir, la conférence devra exiger le maintien du *statu quo*, tel qu'il résulte des traités antérieurs et des découvertes des explorateurs.

Les traités ont partagé l'Afrique entre les diverses Puissances, en limitant le champ des explorations aux sphères d'influences tracées sur des cartes.

Les Français et les Allemands ont toujours respecté la lettre et l'esprit de ces traités. Les Anglais n'en ont jamais tenu compte, sous prétexte *qu'en Afrique, le fait accompli est le seul argument valable.* Je rencontre cette impudente affirmation dans le *Daily Chronicle,* du 9 septembre 1897.

C'est pour accomplir un fait — argument valable — que les Anglais ont lancé à travers les possessions françaises, allemandes, belges, la formidable expédition Mac-Donald et, plus récemment, la non moins formidable expédition Dhanis. Il est vrai que le succès n'a pas répondu à l'attente du ministère de la Reine, et que les événements ont souffleté la théorie du *Daily Chronicle.* Ni Mac-Donald ni Dhanis n'ont accompli un fait de conquête sur le territoire d'autrui et leurs nègres, cruellement maltraités, ont accompli sur leurs officiers un fait de massacre.

L'Angleterre néanmoins ne se décourage pas dans ses intentions d'usurpation.

Ne pouvant venir à bout par elle-même des vaillants explorateurs français, elle n'hésite pas à faire alliance avec le barbare Samory et à l'inciter à assassiner les pionniers de la civilisation :

> *Nous devons,* déclarait le même *Daily Chronicle,* nous concilier Samory, en faire notre ami, lui payer des subsides ; ce n'est que par lui que nous pourrons mettre fin aux empiétements des Français.
>
> *Il faut agir avant que les nombreuses expéditions françaises n'aient eu le temps d'étouffer Samory dans leurs longs tentacules. Il y a beaucoup de temps perdu.*

Quelques jours après la publication de cet article, le télégraphe apportait la grave nouvelle de la destruction, par Samory, de la ville de Kong, dans l'intérieur de la Côte d'Ivoire, territoire placé sous le protectorat français, depuis 1888, par un traité en règle passé entre le capitaine Binger et le roi légitime du pays.

Maintenant l'Angleterre lance aux trousses de Marchand, en pleine terre française, d'autres assassins qui sont chargés d'empêcher ce héros de donner la main à son compatriote M. de Beauchamp, et d'établir, en coupant le Nil, une voie de communication directe entre l'Abyssinie et le bassin du Niger.

Ménélick seconde cette hardie entreprise. Il a envoyé deux fortes escortes au-devant de M. Marchand, l'une vers Gondokoro, l'autre vers Lado.

Il est donc probable que M. Marchand réussira à atteindre Fashoda d'abord, et ensuite Djibouti, malgré tous les saltabadils britanniques.

Aux dernières nouvelles sa mission s'était embarquée à Mestra-el-Beck, sur le Bahr-el-Ghazal, affluent du Nil, à trente jours de navigation de Fashoda.

Mais voilà bien des crimes déjà commis par l'Angleterre, et la France tarde bien à les dénoncer au monde civilisé.

La France n'ignore point cependant que la Russie est toute prête à la seconder dans son œuvre de justice et d'assainissement, et que son alliance n'est pas une lettre morte.

La Russie, d'ailleurs, a une injure cruelle à venger. En 1878, alors que son armée, après cent victoires, fut parvenue aux portes de Constantinople, l'Angleterre la contraignit à soumettre à la revision de l'Europe, le traité qu'elle avait passé avec le Sultan. Et l'Europe, trompée par les intrigues de lord Beaconsfield, eut la faiblesse de souscrire à l'appel de l'Angleterre. Aujourd'hui les rôles sont changés, et c'est à l'Angleterre de comparaître, à son tour, devant le tribunal européen pour rendre compte, non pas de ses victoires et de ses conquêtes, mais de ses trahisons et de ses empiétements.

Si la France ne prend pas cette initiative, la Russie la prendra.

On assurait dernièrement que le chancelier de l'Empereur Nicolas II venait de lancer une circulaire où, après avoir indiqué que l'Égypte est aujourd'hui complètement pacifiée, il insistait sur l'opportunité qu'il y aurait à restituer à ce pays son autonomie, sous la garantie des États européens. Comme conclusion le Tzar inviterait les Puissances à prendre part à une conférence qui serait tenue soit à Constantinople, soit à Pétersbourg, et où serait réglée la question sur les bases suivantes : Autonomie de l'Égypte, garantie des Puissances.

Il se peut que la circulaire n'existe point et que la nouvelle ne soit qu'un ballon d'essai.

Mais inexacte aujourd'hui, elle sera vraie demain, car le temps presse.

Que l'Angleterre regimbe, si elle l'ose, contre les décisions qui seront adoptées dans cette conférence.

C'est le cas ou jamais de rééditer, en le modifiant un peu, le mot de Voltaire :

« Il y a une flotte plus forte que la flotte anglaise, même augmentée — ce qui est problématique — de la flotte italienne : c'est la flotte de toutes les Puissances liguées contre elle. »

FIN 

TABLE DES MATIÈRES

		Pages
Introduction		v
Chapitre Iᵉʳ. — Les Capitulations		1
— II. — Les Tribunaux mixtes. Le *Condominium*.		15
— III. — La Révolte d'Arabi. — L'Intervention de l'Angleterre		32
— IV. — L'Œuvre civilisatrice en Égypte		45
— V. — Réformes et Philanthropie		61
— VI. — De l'Autorité Khédiviale		75
— VII. — La Russie et l'Égypte		80
— VIII. — L'Allemagne et l'Égypte		97
— IX. — La France et l'Égypte		111
— X. — Le Canal de Suez		125
— XI. — Le Soudan		140
— XII. — Considérations générales		163
— XIII. — Du Cap au Caire. — Difficultés de la route		189
Conclusion		213

Paris. — Imp. BOULLAY, 2, place des Célestines.